メンタルヘルス不調による

休職・復職の実務と規程

試し勤務を紛争予防策として活用するために

弁護士
柊木野 一紀
編著

医師
佐々木 規夫
医師
染村 宏法
医師
山本 愛
弁護士
盛 太輔
弁護士
安藤 源太
特定社会保険労務士
田中 朋斉
共著

日本法令

はじめに

本書は、企業において、人事労務や産業保健の実務に携わる担当者の方々が、主に精神疾患を原因とした欠勤・休職・復職等における実務対応、とりわけトラブルが生じやすい復職段階において、的確な職務遂行能力の把握と復職判断が可能となるよう、休職期間中の試し勤務制度の適切な設計と運用について、紛争の予防を念頭に置きながら、モデル条項や実務上の対応指針を示したものです。

この試し勤務については、リハビリ出勤、あるいはトライアル勤務などとよばれることもありますが、本書では、企業が的確に復職判断を行えるよう、職務遂行能力の回復状況を把握することに主眼を置いていることから、従業員のリハビリ自体を主目的とするものとの違いを強調するため、「リハビリ勤務」という用語は使用せず、「試し勤務」との用語を使用することとしました。

試し勤務は、職場にとって一定の負担が生じる一方、復職後の職務に近い負荷をかけて職務遂行能力の回復状況を確認しやすくなります。そのため、企業ないし産業医にとってより適切な復職判断が行いやすくなり、復職をめぐる紛争の予防に資するものといえます。

もっとも、休職期間満了時の実務対応に関する文献は多数ありますが、試し勤務の的確な制度設計や運用について意識的に論じた文献はほとんど見当たりません。これは、休職者への対応、試し勤務制度の運用に現場で携わる産業医側には法律上の知識が、弁護士には医学上の知識が、それぞれ必ずしも十分とは言えないことに、一つの原因があるように思われます。そこで、本書の執筆にあたっては、精神科領域を専門として臨床に従事する産業医らと、企業側の人事労務を専門とする弁護士らが、議論を尽くしながら互いの専門知識に対する理解を深めるため、約３年もの長期にわたり、数十回の会議を重ねました。

本書のモデル条項の特徴としては、紛争予防を重視して可能な限り明確な設計とした点が挙げられます。つまり、紛争で負けないためには、使用者にある程度の裁量性を持たせることが重要であることから、就業規則の条項は抽象的になりがちです。しかし、それだけでは現場で労働者にルールを説明する際に納得を得ることは容易ではありません。そこで、本書で示したモデル条項では、例示等を用いて可能な限り明確な内容を示しつつ、包括条項等を用いて使用者に一定の裁量を確保するよう努めました。

本書が、私傷病休職をめぐる実務担当者の方々の一助となれば、望外の喜びです。

末筆に、本書の執筆にあたっては、株式会社日本法令の田中紀子氏が、原稿の校閲のみならず、約３年にわたるほぼすべての会議に出席してくれました。執筆者一同、心から感謝します。

令和４年10月

弁護士　柊木野一紀

CONTENTS

第1章 メンタルヘルス不調の従業員の労務管理が困難なのはなぜか

第2章 休職編

第3章　復職編

第5章　テレワーク編（復職判断や試し勤務が受ける影響等を中心に）

凡　例

本書においては、次の略語を用いていることがあります。

安衛法　労働安全衛生法
個人情報保護法　個人情報の保護に関する法律
障害者雇用促進法　障害者の雇用の促進等に関する法律
労基法　労働基準法
労契法　労働契約法
労災保険法　労働者災害補償保険法

第1章

メンタルヘルス不調の従業員の労務管理が困難なのはなぜか

1-1 メンタルヘルス不調者に関する実態

厚生労働省の労働安全衛生調査（実態調査）では、毎年、「過去1年間にメンタルヘルス不調により連続1か月以上休業又は退職した労働者数階級別事業所割合」が公表されています。これによると、直近の公表結果たる令和3年において精神疾患による休職者がいる事業所の割合は全体平均で8.8%、退職者については全体平均で4.1%であり、ここ数年概ね横ばい傾向が続いています。

つまり、従業員100人のうち5～6人弱は精神疾患で長期病休を取得するか、退職を余儀なくされている実情であり、企業にとって、メンタルヘルス不調を抱える従業員の復職も含めて、適切な対応を求められる場面が増加しているといえます。

また、一般的にうつ病は再発率が高く、「うつ病により復職した社員の47%が、5年以内に傷病休暇を再取得している」との結果が報告されています(注1)。

再発防止策として、復職のためのトレーニングの1つに試し勤務があります。試し勤務の利用の有無による再休職率を調べた調査がありますが、試し勤務を利用せずに復職した場合、試し勤務利用者の3倍程度の復職後の再発リスクが高まるとの報告もあるようです。

（注1）Endo M, Haruyama Y, Muto T, Yuhara M, Asada K, Kato R “Recurrence of sickness absence due to depression after returning to work at a Japanese IT company” Industrial Health 2013年51巻2号165-171頁

図表１　過去１年間にメンタルヘルス不調により連続１か月以上休業した労働者又は退職した労働者がいた事業所割合

期　間	連続１か月以上休業した労働者がいた	退職した労働者がいた
令和３年間 （令和２年11月１日～ 令和３年10月31日）	8.8	4.1
令和２年間 （令和元年11月１日～ 令和２年10月31日 で）	7.8	3.7
平成30年間 （平成29年11月１日～ 平成30年10月31日）	6.7	5.8

1-2 メンタルヘルス不調の従業員の労務管理の難しさ

メンタルヘルスに不調をきたした従業員の労務管理が難しいのは、なぜなのでしょうか。それは、法的観点だけから検討すれば足りる一般的な労務管理と異なり、医学的観点についても専門家の意見を聴いて対応する必要があるという構造によるものと考えられます。

また、それだけではなく、登場する各当事者の意識の違いが原因となっているとも思われます。

図表２　一般的な労務管理：法的観点だけで判断

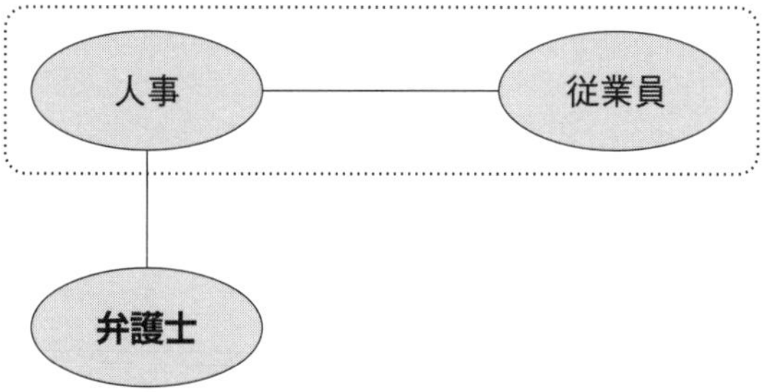

図表３　メンタルヘルスの労務管理：法的観点＋医学的観点からの判断

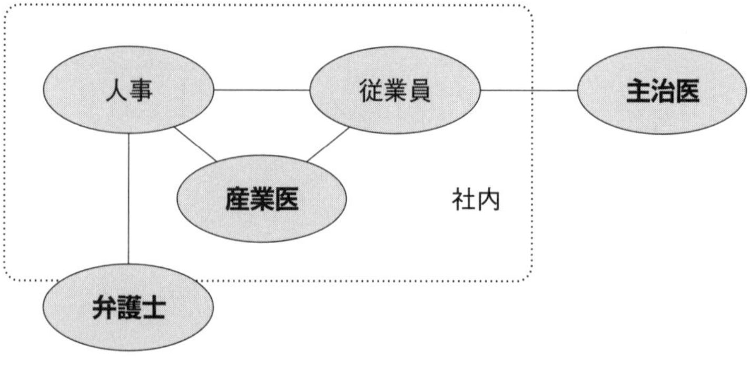

1-3 企業担当者と医療関係者（主治医・産業医）との意識の違い（治癒の多義性）

一般に、「治癒」とは「病気・怪我が治ること」を意味するものと考えられますが、その意味については、必ずしも企業の担当者と主治医（及び産業医）との間で、共通の認識がある訳ではありません。

例えば、メンタルヘルス不調による私傷病休職から復職する要件として「治癒」することが求められている場合、裁判例において「治癒」とは、原則として従前の職務を通常の程度に遂行できる健康状態に回復したことをいうとされ、単に病気が治ったか否かではなく、あくまで職務遂行能力との関係で一定のレベルまで回復したか否かが問題とされています（なお、使用者の側で、一定の配慮義務を負う場合があり得ることは、後述します）。

これに対し、主治医や産業医などの医療従事者にとって「治癒」とは、病気による症状が好転又は消失して臨床的にコントロールされた状態になることを意味し、精神疾患に関しては、その症状により日常生活に支障がない程度にまで回復した状態を意味しています。

そのため、「治癒」という用語一つとってみても、主治医（及び産業医）と人事労務担当者との間で認識に齟齬が生じやすいといえます。

1-4 企業担当者・産業医と主治医との意識の違い

▶1-4-1　主治医の診断書の意味

実務では、企業の側から見ると、休職期間満了時に、突然主治医から「復職可能」や「軽作業であれば可能」等と記載された診断書が提出され、休職者から復職が可能であると主張されることがしばしばあります。そして、医師の専門的判断としてそのような記載のある診断書を尊重し、診断書どおりに復職を認める企業が少なくありません。

ところが、主治医による復職に関する診断書が、企業にとって適切な復職可否の判断基準として常に機能しているかといえば、残念ながらそうではありません。

例えば柏木雄次郎ほか『メンタルヘルス不全者の職場復帰視線に関する調査研究－事業場内・外関係者双方への質問紙調査結果－』（2006）では、復職条件に関し、主治医等の専門医の96.2％が「寛解」状態（再発・再燃の可能性があるものの日常生活上支障のない状態）で足りると回答しており、主治医の診断においては、必ずしも職務遂行能力の回復状態が念頭に置かれていない場合が多いことが明らかになりました。加えて、復職の際の診断書の記載に関し、患者の職場での利益を考慮して診断病名の表現を虚偽でない範囲内で緩和すると回答した主治医等の専門医が92.1％であり、主治医の診断においては患者側の利益や意向が考慮されている場合があることが明らかになりました。

つまり、診断書には患者の状況を反映させた正確なことが書かれていると一般的には考えがちであり、医療者の立場から考えるとたしかに間違いは書かれていないのですが、必ずしも正確なことがすべて書かれているわけではないといえそうなのです。例えば「うつ状態」と言う診断書をよく見かけます。「うつ状態」というのは病名ではなく、患者のその時の状態を示した表現です。気分が落ち込んでいる状態ですので、双極性障害、不安障害、適応障害、アルコール依存症などに合併した様々なうつ状態に用いられることがあります。うつ状態≠うつ病ではないことは、医療者であれば、当たり前のように知ってはいることですが、例えば会社の人事担当者が見た場合は、診断書の持つ意味を見分けるのは困難と思われます。

そのため、診断書によって提供される情報には不確実な部分があることを念頭に置いておく必要があるでしょう。

▶1-4-2　認識の不一致が生じる背景

では、どうして診断書の記載をめぐってこのような認識の不一致が発生するのでしょうか。

医療者と患者の関係は、信頼関係を前提に成立します。そのため主治医は、患者にとって不利になるであろう内容を記載することには慎重にならざるを得ません。特に会社に提出する診断書は、会社においてどのような扱いをされるかが想定できません。仮に、患者自身が不利益を被ることは、今後の両者の治療上の関係に少なからず影響することが想定されます。そのような背景から、主治医が会社に提出する診断書については、必要最小限の内容にならざるを得ず、例えば主治医による復職可能との診断については、回復状況が必ずしも職務遂行能力との関係で検討されていない可能性があります。また患者側の意向が反映され患者の利益を考慮して作成されている可能性があります。

そのため会社としては、診断書とはそのようなものであるという前提に立ち、本人の状況、診断書の内容、産業医の判断等を踏まえて本人の復職可否を判断していく必要があります。復職の可否を判断するにあたっては、主治医と産業医等の事業場内の担当者との間で、十分なコミュニケーションを行うことが必要不可欠であるといえます。

1-5 主治医と産業医の意識の違い（役割と従業員情報へのアクセスの違い）

主治医と産業医では、それぞれの場面で果たす役割が異なります（**図表 4**）。

まず主治医は、正確な医学的診断と薬物治療、そのほか様々な医療的なサポートを行うことになります。これに対し産業医は、主治医と連携し病状を理解したうえで、当該従業員について、業務上配慮すべきこと（残業禁止や出張禁止、業務軽減や配置転換等）を記載した意見書を作成し、上司や人事労務担当者、他の産業保健職（保健師や看護師等）へ協力を求めていくことになります。

しかしながら、前述したように、一般に主治医による職場復帰可能との診断書は、当該従業員の病状の回復程度のみによって職場復帰の可否を判断していることが多いとされています。そのため、主治医と産業医の間で、職場復帰の可否について見解が異なることが多々見受けられます。もちろん、主治医は、患者（従業員）と治療契約を結んでいるため、患者に寄り添い、病状を回復させ、患者の希望に大いに応えようと務めることは自然なことです。もっとも、主治医にとっても、職場復帰の判断は一横断面で難しい局面であるといえます。その理由は、臨床症状と患者側からの限られた情報のみで判断しなければならないからであると思われます。

このように、主治医側に必要な情報が不足している場合には、従業員の業務内容や職場環境、会社の復職支援ルールや勤務制度の情報を、企業（産業医）側から積極的に伝えて、職場復帰の判断を適切に行ってもらうようにすることが重要です。

図表４　主治医の役割と産業医の役割

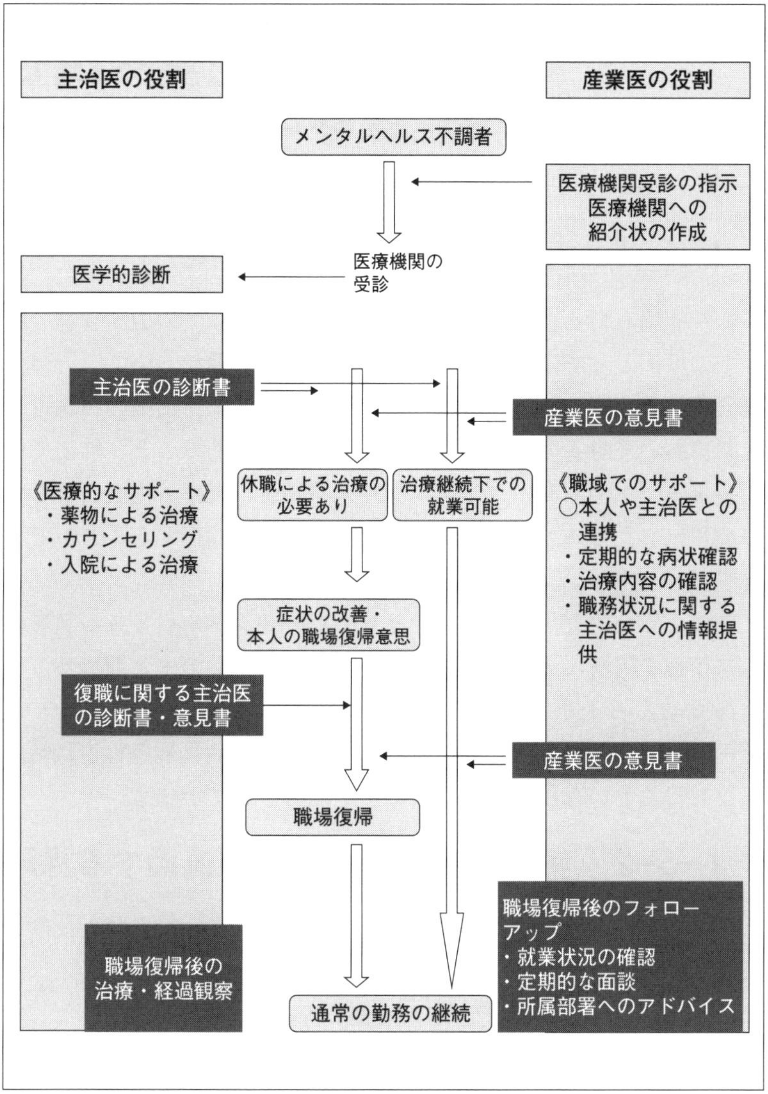

（出典）亀田高志「人事担当者、管理者のためのメンタルヘルス」（2009 東洋経済）

1-6 復職判断に向けた医学的エビデンスの充実〜試し勤務規程等の必要性

▶1-6-1　産業医に寄せられる期待

これまでみてきたとおり、メンタルヘルス不調者の労務管理の難しさの原因としては、①企業担当者と医師との間において、「治癒」概念が異なり得ることが挙げられます。また、②主治医の復職可否判断において患者の意向が反映されるおそれがあること、加えて、③産業医・主治医間にメンタルヘルス不調者に関する従業員としての情報にアクセスできる範囲に差があることも指摘することができます。

このような中で、企業担当者としては、メンタルヘルス不調者の労務管理を円滑にするために、産業医の役割におのずと期待せざるを得ません。すなわち、産業医には、主治医と企業とのコミュニケーションを円滑に媒介しつつ、中立的に医学的見地から復職判断をなし得るという役割を果たすことが期待されています。

▶1-6-2　実際に産業医が実務で直面する課題

もっとも、実務では、必ずしも産業医が十分に期待された役割を果たしていないケースも見受けられます。

例えば、産業医の認定を受けた医師の中には内科を専門科としており、必ずしも精神科や心療内科の領域の疾病に専門的知識を有していない方もいます。また、産業医学や精神科等の専門的知見を保有している産業医においても、患者を自ら面談する機会が乏しいため、患者に関する十分な情報が得られないまま、長期かつ継続的に患者を診察している主治医の診断に異を唱えることを躊躇する方も

【裁判例】復職不可とした産業医の意見書の信用性を否定した事例
神奈川SR経営労務センター事件（横浜地判平成30年5月10日労判1187号39頁）

H医師（引用者注：産業医）自身も、上記精神障害の指摘は診断ではなく判断であると述べており…、Xらは医学的には病気ではなかったと認めていること…、（中略）…本件面談Aは1回約40分，本件面談Bは3回で，各回約30分から約40分にとどまり…、このような限られた時間での面談により、上記のような判断が可能であるかについても疑問が残ることからすれば、H医師の前記各指摘は、合理的根拠に基づくものであるとは認められ」ないとし、産業医の情報収集の機会が十分ではないことを一つの根拠として信用性を否定。

います。実際に、充実したエビデンスを欠いた産業医の意見書の信用性を否定した上記のような裁判例もあります。

▶1-6-3　医学的エビデンス獲得に向けた措置

さらに、産業医面談に応じない従業員がしばしば見受けられます。

1-6-3-1　受診命令権を規定する

産業医面談に応じない場合に、受診命令権に関する就業規則やその他の規則上の根拠が明確に示されていないと、従業員に面談に応じさせることは容易ではありません。そこで、企業としては、事前に紛争を予防する観点から、できる限り明確に受診命令権を就業規則に定めるべきです（後出 **2-3-2** 参照）。

1-6-3-2　試し勤務及び通勤訓練に関する規程

同様に、企業がメンタルヘルス不調者の労務管理、特に休職及び復職に関する規程を整備し、産業医に十分な診断資料を確保してもらいながら適切な意見を求め、そのようなプロセスを確立しておくことが、紛争の予防にとって重要ということができます。

1-6-3-3　その他

企業としては、精神科領域に専門的知見を保持する産業医を確保するとともに、産業医として適切な意見を述べることができるよう、患者本人との診察や試し勤務を通じて、産業医が患者の回復状況に関する十分な情報を獲得する機会を提供することが重要です。

第2章

休 職 編

2-1 はじめに

うつ病をはじめとした精神疾患は、病状が不安定で日常生活や仕事に支障をきたしている場合、回復には一定期間を要することがほとんどです。病状の回復を図るためには、通院加療と併行して、休養（欠勤・休職）が重要なポイントとなります。

本章ではまず、代表的な精神疾患についての基本知識や職場でみられる特徴について説明をしています。章の後半では、「欠勤・休職」に関するモデル規定例を提示し、それぞれの規定に対して解説を加えています。

また関連する実務的な課題や問題点については、Q&A 形式でわかりやすく回答しています。

2-2 メンタルヘルス不調者対応で必要となる基礎知識

▶2-2-1　精神疾患の治療経過

精神疾患を念頭に、職場復帰支援の規程を設計するにあたっては、治療の段階ごとに対応が異なるため、その基礎知識とともに一般的な治療経過を押さえておく必要があります。

一般に、精神疾患の治療経過はある程度の期間が必要です。治療経過も、良くなったり悪くなったりという小さな波をもちながら、階段をゆっくりと１段ずつ上がっていくように回復していきます。

治療の期間は「急性期」、「回復期」、「再発予防期」と大きく３つの期間に分かれていて、各々の期間は数か月～年単位です。

2-2-1-1　急 性 期

「急性期」は、病状が不安定なため仕事からいったん離れて欠勤、休職のうえ、治療に専念して病状の回復を最優先にする時期です。この時期は主治医と相談しながら安心して療養できる環境で休養及び薬物療法を行い病状の回復を目指します。

症状がある程度回復して以前の生活に近い生活リズムに戻ってきた段階で「回復期」に入ります。

2-2-1-2　回 復 期

回復期に入ると薬を自己中断してしまうことが珍しくありませんが、再発のリスクが一気に高まってしまうため、病状が回復してもすぐに薬は止めないことが重要です。減薬のタイミングは主治医の先生によく相談することが大切です。

職場復帰に向けた準備は、この時期から始めます。主治医、職場の人事労務スタッフ、産業医と相談したうえで、実際の就業の場面を想定して試し勤務を行って予行練習を始めます。これにより復職初期の不安を軽減させることができます。

2-2-1-3　再発予防期

試し出勤を順調に行えたら、いよいよ復職の時期を迎えます。

この時期は「再発予防期」に当たります。職場復帰後少なくとも1年は再発が起こりやすいため、特に注意を要します。病気に対する職場の理解を得ながら通院と薬物療法を継続すること、業務負荷が大きくなり過ぎないよう注意する必要があります。また、自身のセルフケアを行うことも重要です。

▶2-2-2　精神疾患とは

ここでは代表的な精神疾患について説明していきます。職場では、仕事や人間関係、プライベートにおける心理的ストレスや環境変化等を原因として、心身の不調が見られることが多いです。精神疾患は、原因別に以下の3つに分類されています。

- **●心因性**：精神的な負担によって起こるもの（強いストレスや、対人関係、ライフイベントなど）
- **●内因性**：脳の器質的な問題によって起こるもの（統合失調症、双極性障害、一部のうつ病など）
- **●外因性**：身体の病気が原因で起こるもの（外傷や、脳腫瘍などの脳の疾患、内臓疾患など）

▶2-2-3　精神疾患の種類と症状

代表的な精神疾患には、以下のようなものがあります。それぞれの病気の詳細と職場でみられる特徴については、**2-2-6**にて解説します。

・うつ病

・適応障害
・双極性障害
・不安障害
・統合失調症
・アルコール依存症
・発達障害
・心身症
・自律神経失調症

▶2-2-4　精神疾患はどのように診断される？

2-2-4-1　精神疾患を扱う医療機関

精神疾患の診療は、精神科や心療内科で行われます。精神科では基本的にすべての精神疾患の診療を行う一方、心療内科では心理的要因により身体症状が現れる心身症の診療が中心となります。

2-2-4-2　精神疾患の診断方法

精神疾患は血液検査などの数値で判断することはできないため、症状とその持続期間、生活での支障の程度などが診断基準となります。このため診察では、問診を中心にアセスメントしていきます。補助的に知能検査や人格検査、その他心理検査を行うこともあります。また、他の身体疾患を鑑別するために頭部画像検査、血液検査、脳波検査なども行われます。

▶2-2-5　精神疾患の治療

精神疾患は、正しい診断と治療を行うことで、多くの場合は症状をコントロールすることは可能です。治療に際しては、薬物療法と精神療法が併用されるとともに、生活習慣を改善するための生活指導が行われます。

●**薬物療法**
・薬により脳内の神経伝達物質に働きかけ、脳の働きを調整する
・症状にあわせて抗精神病薬や抗うつ薬、抗不安薬や気分安定薬などが使われる
●**精神療法**
・医師や臨床心理士との対話を通じて、考え方や物事の捉え方の偏りに気づき、修正していくことで心理的な問題を解消する治療法
・具体的には、より良い思考や行動を見つけて実践していく認知行動療法、不安や恐怖を排除せず受け入れる心のあり方を面談により身につけていく森田療法などがある
●**生活指導**
・規則正しい生活習慣を身につけるための指導を行う
特に不眠の改善は、症状を軽減するうえで重要となる

治療において大切なことは、次のとおりです。

●**早期の治療開始**
・適切な治療を早期に開始することで、症状が重篤にならずに改善に向かう
・体調の異変を感じたら早めに医療機関を受診することが大切
●**休　養**
・心身ともに消耗している場合は、治療とあわせて休養も重要
・ストレス源から距離を置くことで、気分の落込みや不安焦燥感、意欲、思考力などが徐々に回復する
●**一定期間治療を続ける**
・精神疾患は、長期の治療を必要とする場合が多い
・再発しやすいため、状態が安定した後もしばらくの間は治療が続くことがある
・自己判断での治療中断は、再発につながる可能性がある

▶2-2-6　主な精神疾患の特徴と治療

2-2-6-1　うつ病

● うつ病とは？

うつ病とは、脳のエネルギーが減る病気であり、抑うつ気分や意欲低下といった精神症状や様々な身体症状が生じます。また、それにより日常生活に支障をきたします。日常生活を送るうえでは誰しも調子の良い日や悪い日があり、これらの調子の変動は、健康な時には時間の経過とともに自然に回復するのが通常です。時間が経過しても改善しない、あるいは精神症状の程度が強い場合には生活への支障が大きくなり、病気として捉えることになります。

また、周期性の経過をとるのが特徴です。一度罹患すると約半分の患者が将来再発することがわかっています。

原因は１つではなく環境、性格、遺伝などの様々な要因が複合的に結びついて発症します。うつ病にかかりやすい性格傾向として、真面目で責任感が強く、目標を達成するまでは努力を惜しまない人が比較的なりやすいといわれています。日本では、100人に約６人が生涯のうちにうつ病を経験しているという調査報告(注２)があります。また女性のほうが男性よりも1.6倍くらい多いことが知られています。

主な症状は、抑うつ気分です。いつもは楽しかったことでも楽しみや喜びを感じない、問題が解決し良いことが起きても気分が晴れない、好きなことや趣味が楽しめないなどの症状がみられます。また夜眠れない、食欲が落ちて体重が減るなどの症状も出現します。また症状は１日の中で変動しやすく、通常は寝起きから午前中にかけて悪く、夕方から夜にかけて少し軽くなります。さらに自分自身を責めて、もう死ぬしかないと思い、自殺を考えて実際に行動に移すこともあります。

（注２）『こころの健康についての疫学調査に関する研究 総合研究報告書 平

成 16〜18 年度厚生労働科学研究費補助金（こころの健康科学研究事業）』（川上憲人、2007）

● 職場でみられるうつ病の特徴は？

職場でみられるうつ病のサインとして、以下のようなものがあります。

・作業能率が低下し、ミスが目立つようになる
・残業が増える、遅刻や無断欠勤が目立つようになる
・朝方は気分が悪く元気がないが、夕方にかけて少し回復する
・身だしなみが悪くなり、人と視線を合わせず、会話も少なくなる
・仕事への自信をなくし、周囲への迷惑を心配したり、辞意を漏らしたりする
・新たな仕事への意欲や集中力が低下する

● うつ病の治療は？

うつ病の治療は「休養」「精神療法」「薬物療法」の大きく 3 つです。最も重要なのは「休養」です。欠乏した脳のエネルギーを充電するために、しっかりと脳を休ませることが重要です。症状の程度によっては自宅療養して休養に専念することも有効です。休養のみでも約 4 割の患者が回復することが知られています。

休養を基本に、精神療法をはじめとした心理社会的働きかけと、それを補填するよう薬物療法を行います。薬物療法は、主に抗うつ薬を用います。抗うつ薬は、もともと自分自身が持っているセロトニン、ノルアドレナリンなどの神経伝達物質が有効に機能するようサポートする役割を担っています。少量から開始して十分量を十分な期間使用して副作用に注意しながら効果をみていきます。ある程度症状が改善しても再発予防のために一定期間は内服を続けることが重要です。

職場での対応としては、職場の産業保健スタッフと相談しながら、回復を焦らせず見守りましょう。腫れ物に触るような対応は好

ましくなく、あくまで自然に接することが大切です。

2-2-6-2　適応障害

● 適応障害とは？

適応障害とは、仕事や生活上のストレスとなる出来事に反応して、軽い不安や抑うつ、行動変化がみられる障害です。私たちは誰でもストレスを感じると、落ち込んだりイライラしたりしますが、適応障害は、ストレスに対して不釣合いなほどの症状が出て仕事や生活に支障をきたすのが特徴です。診断基準によると、適応障害はストレスの始まりから3か月以内に症状が現れることが要件になっています。

● 職場でみられる適応障害の特徴は？

症状は多岐にわたり、抑うつ、不安、焦燥、過敏（刺激に対して過度に敏感になる）などの精神症状、不眠、食欲低下、頭痛などの身体症状、遅刻、欠勤、早退、過剰飲酒などの問題行動として現れます。職場では異動や昇格など、業務変更や環境変化などを契機に発症することが多いです。

● 適応障害の治療は？

本人の抱えている問題を整理して、現実的な問題解決アプローチを支援することが重要です。症状が深刻な場合は、薬物療法を一時的に行うこともありますが、継続的な内服は必要ないことが多いです。

また、ストレス状況下における本人の心身反応の特徴を知り、その気づきを高めるための支援も有効です。症例が遷延する場合は、配置転換や業務軽減など職場環境調整が必要になることもあります。

2-2-6-3　双極性障害（躁うつ病）

● 双極性障害とは？

双極性障害とは、気分が高まったり落ち込んだり、躁状態とうつ状態を繰り返す疾患です。激しい躁状態とうつ状態のある双極Ⅰ型と、軽い躁状態とうつ状態のある双極Ⅱ型に主に分けられます。

双極性障害の発症割合は100人に1人といわれています。男女差はなく、通常20代から30代前後に発症することが多いとされています。

● 職場でみられる双極性障害の特徴は？

躁状態では、気分が高ぶって多弁になったり、睡眠をとらず動き回ったりなどの過活動がみられます。ギャンブルに全財産をつぎ込んだり、高額のローンを組んで買い物をしたりするなど散財することがあります。職場では、指示に反して長時間職場で働き続けたり、競争心が高まり同僚や上司に対して攻撃的、挑発的な態度を取ったりすることがあります。また、自分の能力を過信し、あたかも実力を持て余すような振舞いをすることもあります。しかし注意散漫なので、仕事上のミスやトラブルは頻発します。しかし本人は調子が良く、問題がないと思っていることがほとんどです。なお軽躁状態は、いつもよりも妙に元気で「何だかあの人らしくない」「元気過ぎる」と思われるような状態です。

一方、うつ状態では、一日中憂うつな気分が続き、興味や関心が減り、食欲低下、おっくう感などがみられます。

このようなうつ状態と躁状態が、周期的にみられます。

● 双極性障害の治療は？

一般的に、躁状態の時に本人は病気だと認識するのが困難です。よってうつ状態の時に病院に受診するのがほとんどです。さらに双極Ⅱ型の軽躁状態はⅠ型のように躁症状が激しくないためうつ病と診断されてしまうことが多く、診断はなかなか難しいです。治療は薬物療法が有効で、抗うつ薬ではなく、気分安定薬を中心とした薬を用います。また双極性障害は、薬の内服を続けないと再発しやすい病気です。よって職場では定期通院を続けること、また受診しやすい環境を整えるよう支援することが重要です。

2-2-6-4　不安障害（神経症性障害）

● 不安障害とは？

不安や恐怖の感情は、私たちが生きるために古くから備わった能力です。ただ、不安や恐怖の感情が本来の感情より過剰となり日常生活に支障をきたしてしまうのが、不安障害です。代表的なものとしては、社会不安障害、全般性不安障害、パニック障害などがあります。

この病気になりやすい性格傾向としては、自己内省的（反省心が強く真面目で責任感が強い）、執着性（ねばり強く忍耐強いが物事にこだわりやすく融通がきかない）、心配性な人に多いとされています。

● 職場でみられる不安障害の特徴は？

職場でみられるサインには、以下のようなものがあります。

社会不安障害では、会議や朝礼での発表や人前での食事など、人から注目を浴びるような状況で、過度に不安や緊張を感じてしまいます。発表が失敗するかもしれない、批判されるかもしれないと考え、動悸や冷や汗をかいてしまい十分な役割を果たせません。

全般性不安障害では、仕事や生活上の様々な場面で心配となり、落ち着かずソワソワして、業務に集中できなくなります。

パニック障害では、予測なく突然に動悸や過呼吸、胸痛、めまいなどの発作が起こり、時には死への恐怖を感じることもあります。閉鎖的で逃げられない空間で起こりやすく、通勤途中の電車で具合が悪くなり、途中駅で下車してしまうなど、通勤に支障をきたすことがしばしばあります。

● 不安障害の治療は？

治療としては最も一般的なのは、薬物療法と精神療法の併用です。

薬物療法は、主に抗不安薬、抗うつ薬などを内服します。

精神療法では、不安を自分自身でコントロールすることを目指していきます。薬物療法と同等の効果があるといわれていますが、本人の努力がとても重要であり、またその効果が現れるまでには長く時間がかかることが多いです。

2-2-6-5　統合失調症

● 統合失調症とは？

統合失調症は、陽性症状（幻覚や妄想）、陰性症状（無為・自閉、感情平板化、意欲低下）が主な症状です。初期は陽性症状がみられ、慢性期に陰性症状を認めるようになります。

幻覚とは、実際にはないものが感覚として感じられるもので、統合失調症で最も多いのは幻聴です。誰もいないのに人の声が聞こえてくるものです。「お前は馬鹿だ」など批判する内容や「今トイレに入りました」と本人を監視するような内容が代表的です。周囲の人からは、幻聴に対してニヤニヤ笑ったり（空笑）、幻聴との対話でブツブツ言ったりする（独語）行動がみられるため、奇妙だと思われがちです。

また、妄想とは、明らかに誤った内容であるのに信じてしまい、周りが訂正しようとしても受け入れられない考えのことです。「街ですれ違う人に紛れている敵が自分を襲おうとしている」（迫害妄想)、「道路を歩くと皆がチラチラと自分を見る」（注察妄想）などが代表的で、これらを被害妄想とよびます。

幻覚や妄想の多くは、本人にとっては事実と認識されるため、恐怖や不安を感じます。幻覚や妄想が病気の症状であることに気づけず、自分が病気であるとの認識が乏しいことが多いです。

● 職場でみられる統合失調症の特徴は？

職場でみられるサインには、理由もなく一人で笑ったり、独り言を言ったり、突発的な暴力や暴言など予期せぬ行動を取ることがあります。一方、表情が乏しく、意欲が低下し、ボッーとしていることもあります。

また、話にまとまりがなく、周囲が理解できないような被害的な訴えをすることもあります。

よって、仕事のパフォーマンスは低下し、欠勤や離席など勤怠の乱れは目立つようになります。

● 統合失調症の治療は？

治療は薬物療法が中心で、早期に治療を行うことが重要です。幻覚や妄想には、抗精神病薬といわれる薬が有効です。投薬により症状が改善して日常生活に問題が生じなくても、再発予防のために長期にわたる服薬が必要になることが多いです。

また職場環境の変化などの刺激が再発のリスクを高めることもありますので、慎重な対応が望まれます。日頃から主治医と職場が連携しておくことが重要です。

2-2-6-6　アルコール依存症

● アルコール依存症とは？

アルコール依存症は、お酒を飲む人なら男女を問わず誰でもかかる可能性のある病気です。長期間大量の飲酒によってお酒の飲み方（飲む量、飲むタイミング、飲む状況）を自分自身でコントロールできなくなった状態です。飲むのは良くないことだとわかっているのに、脳に異常が起きて飲むことをやめられなくなります。その意味では、アルコールは麻薬や覚せい剤と同様の依存性の薬物の一種だともいえます。

またアルコール依存症は、本人の意思の弱さによって起きるものではなく、専門医療機関で治療が必要な病気です。はじめは単なる習慣のつもりで飲酒していても、長年の習慣的な飲酒によりアルコールに対する耐性をもたらされます。飲酒を始めた頃には少量のお酒で気分良く酔えていたのが、徐々に酒量が増え、酔った感じがしなくなってきます。

さらに、家庭や社会生活に影響があっても気にすることもなく、飲酒量がいつも以上に増えたり、飲む時間や飲む場所を気にしなくなったります。次第に身体、仕事、家庭などへ悪影響が大きくなり、家族は経済的問題、別居・離婚など深刻な問題に直面するケースもあります。飲酒関連の問題が起きても、家族や周囲の人の注意や説得を聞けず事態が深刻化します。

禁酒をしても、体内のアルコール濃度が下がると様々な身体・精神症状（離脱症状）が出現します。これにより禁酒継続が困難となります。具体的な離脱症状としては、禁酒して数時間すると手や全身の震え、発汗、不眠、吐き気、嘔吐、イライラ、幻覚（虫など小動物）などがみられます。また禁酒 2〜3 日では見当識障害（自分のいる場所や時間がわからなくなる）、興奮、発熱、発汗、震えがみられることもあります。これらの離脱症状による不快感から逃れるために、再び飲酒してしまいます。

● 職場でみられるアルコール依存症の特徴は？

職場でみられるサインには、以下のようなものがあります。

突然の欠勤や遅刻が目立つようになり、特に週明けの月曜に休みが多くなります。社内外で仕事上のトラブルを起こしやすく、職場に迷惑をかけます。

また周囲がアルコール臭に気づくことがあり、飲酒運転により重大事故の発生につながるおそれもあります。職場の飲み会でよくケンカになったり、帰り道で怪我や事故に遭ったりすることもあります。

● アルコール依存症の治療は？

アルコール依存症の治療については、専門医療機関での治療が必要です。依存から回復し、断酒することを目指します。多くの場合、入院治療が行われます。状態が比較的安定していて、本人や家族が医師の指示に従って自分たちの力で生活改善ができる場合には、入院せずに外来で治療が行われることもあります。

職場での対応として、何があっても本人の行動によって起きた問題は、本人にその問題を明確に認識させることが重要です。アルコールを勧めるのはもちろん宴会に誘うのもやめて、断酒を支援しましょう。

2-2-6-7　発達障害

● 発達障害とは？

発達障害とは、脳機能の先天的な偏りと環境や人間関係とのミスマッチから、社会生活に困りごとが起こる障害です。大人になってから後天的に発症することはなく、幼児期早期から認められ、精神疾患（精神障害）に該当します。しかし、症状が軽い場合は幼少時に大きな問題には至らず、大人になってから就職などの環境変化で困りごとが増え、診断される場合もあります。

ここでは、代表的な自閉症スペクトラム障害（ASD）と注意欠如・多動性障害（ADHD）について説明します。

● 自閉症スペクトラム障害（ASD）

(1)　自閉症スペクトラム障害（ASD）とは？

自閉症スペクトラム障害（ASD）は、「対人的・情緒的関係の障害」（他者と適切な距離感で接するのが困難）、「言語的・非言語的コミュニケーションの障害」（他者の表情や身振りなどの非言語的手段でのコミュニケーションが不得意）、「常同的な行動・興味の限局性」（変化に敏感で、過度に固執した興味をもつ）の３つの症状を特徴とします。これらの症状は幼児期早期から認められ、自閉症スペクトラム障害による機能障害は、年齢及び成長に伴い変化し、個人により症状や重症度は様々です。

(2)　職場でみられる自閉症スペクトラム障害（ASD）とは？

障害の程度が重くない場合は、成人期まで気づかれず、就職を契機に不適応を起こして診断されるケースも少なくありません。職場においては、以下のような問題が起こります。

●対人的・情緒的関係の障害
- アポイントを取らずに顧客先へ訪問してしまう
- 休憩時間を同僚と一緒に過ごすのが苦手だが、相手に言い出せない
- 会議の議事録作成が苦手で、完成するまで時間がかかる

●言語的・非言語的コミュニケーションの障害
- 自分の考えをうまく伝えられず、ホウレンソウができない
- 業務の指示がわからないのに、放置して質問ができない
- 状況を察するのが苦手で、打合せで余計なことを言ってしまう

●常同的な行動・興味の限局性
- 臨機応変に対応できず、突然の予定変更でパニックになる
- 業務の計画や優先順位をつけることができない
- 細かい部分が気になり、複数の業務を同時に進められない

(3) 自閉症スペクトラム障害（ASD）の治療・対応は？

薬物療法は周辺症状（気分の落込みやイライラなど）に対する補助的な治療です。心理社会的なアプローチが治療の中心となります。職場においては、その従業員の特性に応じた業務面の工夫や調整により、少しでも働きやすい職場環境をつくっていくことが大切です。

【特性に応じた対策の具体例】

- アポイントを取らずに、顧客先へ訪問してしまう
  - ➡ 訪問する前日に、顧客先へメールを入れることを決め事とする
- 休憩時間を同僚と一緒に過ごすのが苦手だが、相手に言い出せない
  - ➡ 空いている会議室の利用を許可し、休憩時間を一人で過ごせるようにする
- 会議の議事録作成が苦手で、完成するまで時間がかかる
  - ➡ 配付資料の要点部分をマークし、記載する内容を具体的に指示する
- 自分の考えをうまく伝えられず、ホウレンソウができない
  - ➡ 対面する前に、上司にメールで報告内容を箇条書きで伝える
- 業務の指示がわからないのに、放置して質問ができない
  - ➡ 口頭での指示はせずに、フローチャートや図を用いて目で見える形で指示をする
- 状況を察するのが苦手で、打合せで余計なことを言ってしまう
  - ➡ 業務上のルールや遵守すべきことを簡潔な文章で示してあげる
- 臨機応変に対応できず、突然の予定変更でパニックになる
  - ➡ カレンダーで予定を共有し、予定変更の際には可能な限り早く通知する

・業務の計画や優先順位をつけることができない
➡ 作業手順マニュアルを整備し、優先順位や段取りまで含めた指示をする
・細かい部分が気になって、複数の業務を同時に進められない
➡ 業務の指示を細分化して、1つずつ処理できるようにする

● 注意欠如・多動性障害（ADHD）

(1) 注意欠如・多動性障害（ADHD）とは？

ADHDは、「不注意」（注意が持続できず物事に集中できない）、「多動性」（落着きがなくじっとしていられない）、「衝動性」（思いつきで唐突に行動してしまう）の3つの症状を特徴とします。一般的に、多動性や衝動性は、成長に伴い12歳ごろを境に弱まることが多く、児童期にADHDと診断された人でも成人期では診断基準を満たさなくなることはあります。しかし多くのケースで成人期においても何らかの障害が残存しています。

(2) 職場でみられる注意欠如・多動性障害（ADHD）の特徴は？

成人におけるADHDの有病率は約2.5％で、職場においてADHDを抱えた従業員に接する機会は少なくありません。成人期ADHDでは、児童期からの多動性・衝動性症状は弱まる傾向にありますが、一方で不注意症状は持続することが多く、様々な業務上の支障が出てきます。

●不 注 意
・業務の予定や納期をしばしば忘れてしまう
・気が散って作業に集中して取り組むことができない
・指導・注意をしても、同じミスを繰り返してしまう

●多動性・衝動性
・落着きがなく、会議中にモジモジしてじっとしていられない

・思いつきで行動してしまい、上司に確認せずに物品を購入してしまう
・定時内で仕事が終わらず、残業時間が多くなってしまう

(3) 職場でみられる注意欠如・多動性障害（ADHD）の治療・対応は？

ADHD の治療は、まずは心理社会的な治療を行い、効果が不十分である場合には薬物療法を併用します。職場においては、障害特性に配慮した環境調整や業務配慮を進めることが重要です。その従業員の特性によって配慮や対応は異なるため、業務上においてどのような課題や問題が生じているのかを具体化して、対策をとっていく必要があります。

【対策の具体例】

・業務の予定や納期をしばしば忘れてしまう
➡ デスクにメモや付箋を貼って、やるべきことが常に目に触れるようにする
・気が散って作業に集中して取り組むことができない
➡ 物音や人の出入りが少ないデスクに席を変えてあげる
・指導・注意をしても、同じミスを繰り返してしまう
➡ 業務マニュアルを作成し、それに沿って作業をする。上司が週 1 回進捗を確認する
・落着きがなく、会議中にモジモジしてじっとしていられない
➡ 会議を最大 60 分までとし、それを超えそうなときは適宜休憩時間を設ける
・思いつきで行動してしまい、上司の確認を得ずに物品を購入してしまう
➡ 購入に際しては上司の承認を必須とし、インターネットでの購入は不可とする
・定時内で仕事が終わらず、残業時間が多くなってしまう

➡ 残業時間は１時間まで可とし、時間が来たら職場で声かけをする

2-2-6-8 心身症

● 心身症とは？

心身症とは、ストレスなど心理的な要因で体に症状が現れる疾患の総称です。ストレスへの反応の仕方は個人差があり、心身症の疾患は様々な形で現れます。発症や経過に心理的な要因が関わっているため、症状のみを治療しても再発したり、別の部位に新たな症状が現れたりすることがあります。初期段階では疾患の原因がストレスだということに気づかず、治療を受けても症状が改善しないことから心身症と判明することもあります。心身症の疾患は以下のように、体のあらゆる部位に現れる可能性があります。

気管支喘息、過換気症候群、胃・十二指腸潰瘍、慢性胃炎、過敏性腸症候群、神経性食欲不振症、甲状腺機能亢進症、緊張型頭痛、片頭痛、慢性疼痛、慢性蕁麻疹、アトピー性皮膚炎、円形脱毛症、更年期障害、月経前症候群、原発性緑内障、眼精疲労、本態性眼瞼けいれん、耳鳴り、めまい症、心因性難聴など

● 職場でみられる心身症とは？

症状は身体的なものが主で、体のあらゆる部位に現れ、個人により症状は様々です。実際に、内科等の検査で異常を認めることもあります。症状が改善しないため、通院による遅刻や早退、欠勤など勤怠の乱れが表面化してきます。体調不良により仕事への集中力や意欲も低下し、予定した業務やミッションを達成することができなくなります。

● 心身症の治療は？

心身症の治療は、主に心療内科で行われます。身体に現れている症状に対して薬物療法を行います。不眠や不安などがある場合は、睡眠薬や抗不安薬、抗うつ薬などを使用します。また医師や心理士との面接による心理療法も有効であると考えられています。物事の捉え方を変えることで考え方の偏りを修正する認知療法、あるがままの自分を受け入れることで自信をつける森田療法などがあります。

また生活習慣の乱れは心身の不調につながりやすいため、食生活や飲酒、喫煙、睡眠、運動などの改善についての指導を行います。業務上のストレスに関しては、上司に相談して環境調整や業務配慮を検討していきます。すぐには問題の解決が難しい場合は、呼吸法や自律訓練法などリラクゼーションを活用していくのも有効です。

2-2-6-9　自律神経失調症

● 自律神経失調症とは？

自律神経のバランスの乱れから、心と身体に様々な症状が出ている状態のことです。正式な疾患名ではありませんが、症状があるのに診察や検査では異常が認められない場合などに「自律神経失調症」と診断名がつくことがあります。自律神経とは、意識的にはコントロールできない自動的に働く神経（心臓を動かしたり汗をかいたりすることなどに関係する）のことです。「交感神経」（活動する神経）と「副交感神経」（休む神経）の２種類があり、必要に応じて自動的に切り変わって働くようになっています。この２種類の神経の切換えやバランスが崩れると症状が出てくるということを表現するのに、自律神経失調症という言葉を使います。職場に提出される診断書に実際に書かれることが多くあります。

● 職場でみられる自律神経失調症の特徴とは？

自律神経のバランスが乱れる原因の一つはストレスであるといわれています。症状は、血圧変動や肩こり、頭痛、耳鳴り、めまい、動悸、倦怠感など身体的な症状が主体となります。ストレスにうまく対処できずに症状が長引くと、うつ病や不安障害などの精神疾患へ移行することもあります。職場では、身体的な不調を理由に、遅刻をしたり休養室を頻繁に利用したりするなど勤怠が乱れ、パフォーマンスの低下が見受けられます。

● 自律神経失調症の治療は？

症状が軽く、仕事に支障がない場合でも、放置せずにまずは生活習慣の改善を行います。自律神経の乱れは、初期段階であれば適切なケアによりバランスを取り戻しやすいため、早期に対処することが重要です。症状が長引いている場合は、症状に応じて薬物療法を開始し、上司や人事には業務上の配慮を相談するとよいでしょう。しかし治療を受けても症状が思うように改善しないときや、ストレスの原因が職場にありそれが解消されない場合は、いったん仕事を離れ休養が必要となることもあります。

2-3 欠勤・休職に関するモデル規定と解説

▶2-3-1　遅刻、早退及び欠勤に関する承認制を定めた規定例

（遅刻・早退・欠勤）
第21条　従業員は、私傷病や交通事情その他やむを得ない事由によって遅刻、早退又は欠勤をせざるを得ないときは、事前に、理由と時間又は日数を所属長に申告し、承認を得なければならない。
2　遅刻、早退及び欠勤について、事前に承認が得られない事情がある場合には、事後速やかに、当該事情、勤務を欠く理由及び時間又は日数を所属長に申告し、その承認を得なければならない。
3　従業員は、所属長が第1項及び前項の承認の判断に際し、疎明資料の提出を求めたときは、これに応じなければならない。

● 遅刻、早退及び欠勤の法的意味

従業員は、使用者との間で締結している労働契約に基づき、労働日に労働義務を履行する義務を負担しています。したがって、この労働義務の不履行、つまり遅刻、早退及び欠勤は、債務不履行（民法415条1項本文）となります（これに対し、従業員が年次有給休暇等の休暇を取得した場合には、当該労働日の労働義務が消滅しますので、欠勤、つまり債務不履行にはなりません）。

そのため、従業員が年次有給休暇等を取得することなく欠勤した

場合、遅刻・早退及び欠勤した時間、日に対応する賃金がカットされることになります（完全月給制の場合を除きます）が、さらに、本来であれば、当該債務不履行について使用者から懲戒処分や損害賠償請求等の責任を問われ得ることになりますし、遅刻や早退についても同様です。

もっとも、遅刻、早退及び欠勤が、例えば病気や交通機関の遅れなど、必ずしも当該従業員の責任とはいえない、やむを得ない事由による場合にまで常に使用者が従業員に対して懲戒処分や損害賠償請求を行うことは、従業員にとって酷に過ぎます。

そこで、当該遅刻、早退及び欠勤についてやむを得ない理由があり、従業員に帰責事由がないことが明らかにされれば、当該従業員に対して責任を問わないという承認することがあります（民法415条1項但書の「債務者の責めに帰することができない事由」）。一般に、承認がない遅刻、早退及び欠勤を無断遅刻、早退及び欠勤といいます。

● 遅刻、早退及び欠勤は原則事前承認制とする（1項）

本条1項は、所属長がこうした承認を行うこと、及び当該承認に際して理由と勤務を欠くことになる時間や日数を届け出たうえで所属長の判断を仰ぐことを、従業員に義務づけたものです。

● 例外的に事後承認でも足りる旨を定める（2項）

本条2項は、前項の事前承認が、時間的余裕を欠き間に合わない事情が存する場合には、事後承認でも足りる旨を定めたものです。この事後承認を用いる場合には、事前承認を得ることができなかった事情についても併せて申告を求めることが適切です。

● 疎明資料の提出を求められるようにしておく（3項）

欠勤等の承認に際し、実務では申告内容が真実か否かについて疑問が生じる場合があります。例えば、親戚の葬儀だと言いながら単なるサボりではないかとの疑いが生じる場合です。

そのような場合、欠勤等がやむを得ない理由に基づくものであることを証明する責任は従業員側にありますので、元来、本規定がなくても、疎明資料が提出されなければ使用者は不承認として無断欠勤等として処理すれば足ります。

ただし、疎明資料の提出をめぐってトラブルが生じることが少なくありませんので、本条3項は、確認的に従業員に対して所属長が疎明資料の提出を求めることができることを明らかにしたものです。

▶2-3-2　遅刻、早退及び欠勤等に関して医師の診断書の提出を求める規定例

（医師の診断）

第22条　会社は、従業員が私傷病を理由に遅刻、早退及び欠勤する場合、医師の診断書の提出を求めることがある。

2　前項の診断書の提出を受け、会社が当該診断書を作成した医師に対する面談や診療録の提出等を求めた場合、従業員は、その実現に協力しなければならない。

3　第1項の診断書が提出された場合といえども、必要があれば従業員に対し会社の指定する医師への受診を命じることがある。

4　会社は、従業員が正当な理由なく第2項及び前項の会社の要請を拒否した場合、第1項の診断書を、欠勤を承認するか否かの判断材料として採用しないことがある。

● 私傷病欠勤の場合の診断書の提出を労働者の義務としておく（1項）

前述のとおり、従業員は、使用者と締結した労働契約に基づく基

本的義務として、労務提供義務を負っています。よって、このような労務提供義務の不履行を申し出る場合、その理由を明らかにする責任は、従業員の側にあります。

近時、従業員の健康管理は労務管理上非常に重要なテーマであり、使用者としては、当該従業員に対する労務管理上の判断を適切に行うため、当該従業員の心身の状況を正確に把握する必要があります。また、当該従業員のみならず、ともに就労する他の従業員の職場環境維持という観点からも、当該従業員の心身状況を正確に把握することは非常に重要です。さらには、私傷病を理由に安易に労務提供義務を免れようとするいわゆる「仮病」を使う従業員に対して、厳正に対応するためにも、当該従業員の心身の状況を正確に把握することは労務管理上不可欠です。

そこで、本条１項のように、従業員に医師の診断書の提出を求めるための根拠規定を定めるのが適切です。

なお、医師の診断書の提出については、上記のとおり、労務提供義務の不履行の理由についての証明責任が従業員側にある以上、本条項のような定めがなくても命じ得るものと考えますが、労働契約の内容にしておくのが労務管理上はより適切と考えます。

● 診断書の提出に連続欠勤要件を定めない（１項）

医師の診断書の提出に関する規定において、多くの企業の就業規則で、「５日以上連続欠勤する場合」等として、一定日数の連続欠勤要件を定めている例を見かけます。しかしながら、このような要件があると、２日欠勤して１日出勤し、また１日休むといったような、断続的に欠勤を繰り返す出勤不良の従業員に対応することができません。

よって、本条１項のように、連続欠勤要件は定めず、「診断書の提出を求めることがある」として、上記のようなケースにも弾力的に対応できるよう規定するのが適切です。

もちろん、頻繁に病気欠勤を繰り返しているような従業員を除き、実務運用で５日以上連続欠勤する場合に限り診断書の提出を求めればよいと考えます。

●主治医との面談実現への協力を義務づけておく（２項）

常に問題となり得るのが、従業員自身が提出した診断書です。主治医による診断書には、多分に従業員の意向が反映されていることが多く、企業としては必ずしもこれのみにより従業員の健康状況を把握し、労務管理上の判断をすることは適切でありません。すなわち、主治医の診断書は、その性質上患者本人や家族の意向が反映されていることが多いため、客観的に就労困難でないにもかかわらず「自宅療養が必要」と記載されていることがあります。

そこで、主治医作成の診断書に記載された内容について、その真意を確認するため、主治医との面談を実施することが必要です。また、会社が直接主治医に客観的に就労困難である健康状態か否か、そのように判断した根拠等を確認しておくことにより、その後、当該従業員の健康状態が回復せず休職となった場合、その復職の際に、主治医は、休職前に出した診断内容と矛盾するような診断はできないため、客観的に就労困難であるにもかかわらず、安易に「復職可」の診断書を作成しづらくなるというメリットがあります。

よって、実務においては、従業員が欠勤する際に診断書を提出した場合は、主治医と面談して、診断書の内容について確認しておくことが労務管理上適切です。

そこで、本条２項では、私傷病で就労できないとして診断書を提出した従業員に対し、診断書を作成した主治医との面談実現に向けた協力を義務づけています。

●会社指定医への受診命令権を取得するための規定を設けておく（３項）

上記のとおり、主治医による診断書には従業員の意向が反映されていることが多いため、主治医との面談に加え、必要があれば会社の指定する医師への受診を求めることが労務管理上重要です。

そこで、本条3項では、従業員が提出した診断書とは別に、必要があれば会社の指定する医師への受診を求めることができると定めています。

▶2-3-3　休職事由

（休職）

第23条　会社は、従業員が次の各号の一に該当するときは、休職を命ずることがある。ただし、第1号、第2号及び第4号の休職事由が業務外の傷病を原因とする場合には、その傷病が休職期間中の療養で治癒する蓋然性が高いものに限る。

① 業務外の傷病により欠勤し、欠勤日より2か月経過してもその傷病が治癒しないとき。なお、治癒とは、民法第493条に定める債務の本旨に従った弁済（本旨弁済）ができる状態、すなわち、従来の職務を通常程度に遂行できる健康状態に回復することを意味する。

② 業務外の傷病により通常の労務提供ができず、その回復に一定の期間を要するとき。

③ 業務命令により他社に出向したとき。

④ その他、会社が休職させる必要があると認めたとき。なお、業務外の傷病を原因とする場合でも、第1号の欠勤を前提としない。

2　従業員は、傷病による休職期間中は療養に専念しなければならない。

3　第1項第1号の欠勤期間の算定にあたり、当該欠勤期間の最終日から1年以内に同一ないし類似の原因により欠勤又は通常の労務提供ができない状況に至ったときは、当該欠勤等を通算する。

● 休職とは？

前述のとおり、従業員は、使用者との間で締結している労働契約に基づき、労働日に労働義務を履行する義務を負担していますから、私傷病等によりその労働義務を履行できないのであれば、本来、債務不履行を理由とする使用者の契約解除の意思表示、つまり普通解雇が検討されるべき状態ということができます。

しかしながら、我が国の正社員を中心とした長期雇用システムの下では、私傷病により正社員が一定の期間にわたり勤務ができなくなったとしても、安んじて療養に専念し、復職を果たす機会を付与することが求められるようになってきました。

そのため、私傷病休職は正社員の解雇を猶予する制度としての意義を有しています。

● 私傷病休職に復職可能性を求める規定

私傷病休職は療養を通じて復職を果たす機会を正社員に付与するものですので、従業員に復職可能性があることがその前提となります。例えば、植物状態になってしまった従業員については、基本的には復職の可能性がありませんから、休職規定を適用することなく普通解雇を行うことになります。そこで、本条１項但書は、療養により休職事由が消滅する（治癒する）蓋然性があることを求めたものです。

また、私傷病による休職事由の発生をもって直ちに休職扱いと定める例もありますが、私傷病になったとしてもそれが復職可能性を伴うか否かを判断する必要があることから、休職命令を発令する形で定めるほうが望ましいといえます。そこで、本条１項本文では、会社が休職命令を発令するか否かを判断する内容としています。

● 「治癒」の意義を明確化しておく

私傷病休職の発令には、数か月程度の欠勤期間を前置することが一般的ですので、ここでは欠勤期間を2か月として定めています。

また、多くの事案で争いになるのが、休職事由が消滅して復職を認めるか否か、つまり当該私傷病が「治癒」したといえるか否かです。

そして、この「治癒」については、主治医の診断書に「当初軽作業であれば復職可能」等の記載がなされることもあり、復職の可否をめぐり、精神疾患等において争われるケースが増加していますから、明確な判断基準を就業規則に定めておくことが適切です。そこで、本条1項1号では、「治癒」の意義につき、民法493条の本旨弁済、つまり従前の職務を通常程度に遂行できる健康状態に回復した場合を意味することを明確化しました。

● 私傷病による不完全な労務提供も休職事由としておく

近時、私傷病休職の対象となる傷病として、精神疾患が増加してきました。この精神疾患では、必ずしも十分な労務提供ができないにもかかわらず出勤して、他の従業員とトラブルを起こすケースも見受けられます。そこで、労務提供義務の不履行のみならず、不完全履行についても休職の対象とし、不完全な労務提供を拒否する必要がありますので、本条1項2号ではこれを定めました。

● 包括的な休職事由を定めておく

本条1項4号は、同条項1号及び2号以外にも、使用者の判断で休職を命ずべき事由が生じる場合に備えて、使用者に裁量を持たせた規定を定めたものです。

● 療養専念義務を定めておく

私傷病休職は、療養を通じて復職を果たす機会を正社員に付与するため労働義務を免除する制度ですので、従業員に休職期間中は療養に専念してもらう必要があります。そこで、本条2項は、休職期間中に療養に専念すべき旨を定めたものです。

● 同一又は類似の原因による欠勤期間は通算できるようにしておく

私傷病休職では一定の欠勤期間を前置することが一般的ですが、従業員によっては、その欠勤期間を意識し、休職命令を免れるため、当該欠勤期間満了直前に形式的に出勤実績をつくり、再度欠勤する場合があります。そこで、1年以内に同一又は類似の原因で欠勤した場合には、当該欠勤期間を前の欠勤と通算することを定めたものです。

▶2-3-4　休職期間

（休職期間）
第24条　休職期間は、次のとおりとする。
①　前条第1項第1号、同第2号の事由による場合

勤続1年以上5年未満の者	6か月
勤続5年以上10年未満の者	1年
勤続10年以上の者	1年6か月

（中略）

③　同第4号による場合　　会社が認めた期間

● 企業規模に応じて期間を設定する

私傷病休職は、一般に、人員配置に比較的余裕がある大企業では手厚い雇用保障が求められやすく、その分長い休職期間が求められます。これに対し、中小企業では、多くの休職者を抱える余裕がありませんので、その分、短期の休職期間で足りるといえます。

● 勤続年数に応じて期間を設定する

また、前述のとおり、私傷病休職は一定期間解雇を猶予する制度であり、解雇の相当性（労契法16条）を確保するのに資するもの

です。そして、解雇の相当性の判断にあたっては、勤続年数に応じて求められる雇用保障の程度が異なり、勤続年数が長ければ長い程、より多くの機会を付与することが求められてきます。そこで、休職期間を勤続年数に応じたものとすることには合理性があります。

むしろ、試用期間中の者や勤続年数が1年未満の者については、休職制度の適用を除外することにも合理的理由があるものと考えます。

▶2-3-5　休職期間中の給与等の待遇

（休職期間中の取扱い）
第25条　休職期間中の給与は、無給とする。ただし、試し勤務が実施される場合は、試し勤務実施規程第5条に定める賃金を支給する。
2　休職期間は、原則として、勤続年数に算入しない。ただし、第23条第1項第3号の休職事由による場合、勤続年数に算入する。

休職期間中は労働義務が免除されていますので、ノーワーク・ノーペイの原則から、無給となるのが原則です。実務では有給の定めを置くケースも見受けられますが、健康保険からの傷病手当金が支給されることや、有給であることによりかえって復職に向けた意欲が湧かないことも考えられますので、有給の定めを置くことは避けるべきと考えます。

もっとも、試し勤務において使用者が指揮命令を行う場合には、一定額の賃金を支払うことが相当であると考えられますので（試し勤務実施規程5条）、1項但書でその旨を定めています。

また、退職金算定等に用いられる勤続年数についても、使用者が決めることができますので、会社都合による出向を除き、ここでは算入しない取扱いとしています。もっとも、有給休暇の付与日数の基準となる「継続勤務」については、在籍期間で判断されますので、休職期間中も算入されることになりますが、出勤率は低下することになります。

▶2-3-6　休職期間満了時の手続き

> **（休職期間満了時の手続き）**
>
> **第26条**　休職期間満了までに休職事由が消滅しない場合、当然退職とする。
>
> 2　従業員は、第23条第1項第1号又は同2号の休職事由が消滅したとして復職を申し出る場合、又は同4号の休職事由が業務外の傷病を原因とするものであって、当該休職事由が消滅したとして復職を申し出る場合には、医師の治癒証明（診断書）を提出しなければならない。なお、治癒とは、第23条第1項第1号後段に規定する意味と同一とする。
>
> 3　前項による診断書の提出に際して、会社が診断書を作成した医師に対する面談や診療録の提出等を求めた場合、従業員は、その実現に協力しなければならない。
>
> 4　第2項の診断書が提出された場合でも、会社は会社の指定する医師への受診を命ずることがある。
>
> 5　会社は、従業員が正当な理由なく第3項の協力や前項の受診命令を拒否した場合、第2項の診断書を休職事由が消滅したか否かの判断材料として採用しないことがある。

● 休職期間満了により当然退職とするものと規定しておく

休職期間満了を解雇事由とするケースも見受けられますが、そうすると、解雇の相当性（労契法16条）が正面から問われるおそれがありますので、本条1項のように、休職期間満了を当然退職事由と定めておくのが無難です。

● 私傷病復職の判断基準を明確化する

前述のとおり、復職の可否をめぐり争われるケースが、特に精神疾患に関して増加しています。そこで、本条2項は、「治癒」について明確な判断基準を就業規則に定めています。

また本条2項は、復職の「治癒」の証明責任について、従業員側に証明責任を課し、診断書の提出等を義務づけています。これは、私傷病という従業員自身の事由によって労務提供ができなくなり休職に入った以上、その原因が消滅したことについても、従業員自身に証明責任を課すのが妥当だからです。

● 会社が復職可否を判断できるようにしておく

21条の欠勤承認で述べたのと同様（**2-2-1** 参照）、仮に診断書が従業員から提出された場合でも、診断書の記載内容が不明確であることや、従業員本人等の希望に沿ったものである疑いが生じることがあります。

そこで、主治医に診断根拠等について面談を通じて確認をすること、その際従業員が同意するなど実現に協力すべき義務を負うこと、産業医や指定医等の他の医師による受診命令を定めたこと、主治医面談や受診命令に従業員が協力しない場合に主治医の診断書を復職可否の判断資料から除外することを定めたものです。

▶2-3-7　休職期間の通算

（休職期間の通算）

第27条　従業員が、私傷病休職から復職後1年以内に同一ないし類似の原因により私傷病となり、欠勤ないし通常の労務提供をできない状況に至ったときは、従前の休職期間と当該休職期間とを通算する。ただし、通算の結果休職期間満了までの期間が3か月未満となる場合には、休職期間は3か月とする。

2　前項の規定は、心身の故障を理由とする普通解雇規定の適用を排除するものではない。

● 同一ないし類似の原因に基づく休職期間は通算できるようにしておく

精神疾患の場合には、休職期間満了による退職を回避するため、回復が不十分な状態で復職を果たし、一定期間勤務した後に、再び休職を繰り返す従業員が少なくありません。同一の原因で繰り返し休職し、合計して休職期間の上限を超えるような休職を取得する従業員まで雇用を保障することは想定されておらず、休職期間の上限を画した趣旨が没却される可能性がありますから、通算規定を設けておく必要があります。

その際、同一の病名としてしまうと、病名を都合良く異ならせることによって通算を阻止することが可能となってしまいますので、本条１項では、私傷病の原因が同一又は類似のものであれば通算可能としています。

なお、詳細は2-4-8-1で述べますが、精神疾患と他の疾患で復職を繰り返すなど、濫用が疑われる事例が発生している場合には、さらに同一又は類似の私傷病という通算対象に限定を加えることなく、すべての私傷病を通算対象とすることも考えられますので、必要に応じて通算規定を改正することも選択肢の一つです。

● 普通解雇規定の適用があり得ることを規定しておく

また、何度も異なる原因で休職を繰り返す従業員、例えば、腱鞘炎、頚肩腕症候群、精神疾患等の異なる病名で診断書を提出してくる従業員もいますが、真実、異なる原因なのかは疑問があるうえ、そのようなケースまで雇用を保障することが労働契約上想定されているとはいえません。

そこで、本条２項は、仮に通算規定の対象とはならない場合でも、心身の故障による普通解雇が可能であることを確認的に明確にしたものです。

2-4 欠勤・休職に関する実務Q&A

▶2-4-1 受診指示に応じない場合の対応

Q メンタルヘルス不調が疑われる従業員が、週1～2日程度の欠勤等の勤怠不良、同僚への暴言その他の非違行為を繰り返しており、職場での労務提供が困難となっています。当社は、当該従業員に対し、精神疾患その他の体調不良の可能性も否定できないので、主治医の診断書があればこれを提出し、さらに会社が指定した精神科医師を受診するよう指示をしたのですが、当該従業員は、いずれも拒絶しています。このような場合、どのような対応をすればよいでしょうか。

A 従業員が有効な受診命令を拒絶した場合には、業務命令違反を理由に懲戒処分を行うことが考えられるほか、労務提供が不完全であることを理由に、労務提供の受領を拒絶し、あるいは休職処分を発令することも考えられます。さらに、こうした措置を繰り返しても、まったく療養する姿勢が認められない場合には、普通解雇とすることが考えられます。

● 受診命令の意義、根拠

受診命令とは、使用者が従業員に対して、その指定する医師等医療機関への受診を命じることをいいます。

安衛法66条等に定められている健康診断以外について、法律上、使用者の従業員に対する医療機関への受診命令を根拠づける規定はなく、他方、当該命令を禁止・制限する規定もありません。

そうすると、労使の合意によって労働契約内容が定まるという原則からは、使用者と従業員間における労働契約又は就業規則等において、使用者の従業員に対する医療機関への受診命令権が規定されていれば、当該命令の法的な根拠となります。

では、労働契約又は就業規則等において、使用者の従業員に対する医療機関への受診命令権が規定されていない場合において、使用者は、従業員に医療機関への受診を命じることはできるのでしょうか。

この点、裁判例（京セラ事件・東京高判昭和61年11月13日労判487号66頁）には、就業規則等に根拠がなくとも、従業員との信義公平の観点又は安全配慮義務を根拠に、使用者の従業員に対する医療機関への受診命令を認めたものがあります。したがって、就業規則等の根拠がなくとも、当該命令が認められる可能性があることは確かです。

しかしながら、当該命令権があるかどうかという無用な争いを避けるためには、就業規則等に当該命令権の根拠となる条項を規定しておくことが望ましいといえます。

● 診断書提出命令の意義、根拠

診断書提出命令とは、使用者が従業員に対して、その取得した診断書の提出を命じることをいいます。

従業員の診断書は、個人情報保護法上の「要配慮個人情報」に該当し（個人情報保護法2条3項）、従業員本人の同意がなければ会社はそれを取得又は第三者提供できません（同法20条2項、同法27条1項参照）。なお、安衛法に基づく健康診断結果については、個人情報保護法27条1項1号の「法令に基づく場合」として、従業員の同意なくして会社に提供され得るとされています。

このように従業員の診断書の会社への提供は、原則として従業員本人の同意を必要とする以上、仮に就業規則等に診断書提出命令権を規定しても当該規定自体が無効になる可能性があり、従業員が当該命令に応じずに診断書の提出を拒否した場合には、当該命令違反を理由とする懲戒処分をすることも困難であると考えます。

● 受診命令に応じない従業員への対応

では、例えばメンタルヘルスの不調が疑われる従業員が遅刻等を繰り返し、労務提供が困難となっている場合に、会社が精神科医への受診を命じたもののそれを拒否した場合には、どうすればよいでしょうか。

まず、受診命令違反が業務命令違反となりますので、その業務命令違反を理由とする懲戒処分が考えられます。この場合、従業員への説得等の受診命令に至る事情、従業員が当該命令を拒否した事情等を踏まえて、懲戒処分に客観的合理性、社会通念上の相当性があるかが吟味されます。

また、従業員が労務提供困難となっており、その原因が精神疾患の蓋然性が高い場合には、労務提供受領拒否、又は休職命令（なお、休職事由の規定については **2-3-3** 参照）をすることが考えられます。もちろん、この場合、「債権者の責めに帰すべき事由」（民法536条2項）、「使用者の責に帰すべき事由」（労基法26条）に該当しないかが問題となり、該当するということであれば休業手当等の支払いが必要になる場合もあります。他方、従業員が遅刻等を繰り返し、その原因として精神疾患が疑われるものの、精神疾患に罹患しているか判断できない場合には、遅刻等について厳重注意や懲戒処分をしていくしかないものと考えます。

● 普通解雇の可否

精神疾患が疑われる従業員が遅刻等を繰り返しているものの、精神疾患に罹患しているか判断できず、遅刻等の勤怠不良について厳重注意や懲戒処分をしても受診命令に応じないうえに、主治医との面談にも応じないような場合には、勤怠不良を理由に、普通解雇することもあり得ると考えます。

一般に、問題行為がメンタルヘルス不調に起因する場合には、その不健康に応じて休職により療養の機会を付与することが求められますが（ヒューレットパッカード事件・最2小判平成24年4月27日労判1055号5頁：統合失調症により妄想的な言動を行って無断欠勤をしている従業員に対して行った諭旨退職の懲戒処分が無効と判断された事例）、受診命令や主治医面談に応じない場合には、そうした療養の機会を自ら放棄しているものといえますので、心身故障を理由とする普通解雇もあり得ると考えます。

● 労務提供の可否に関する診断費用の負担

一般に、労務提供に要する費用の負担は弁済費用の債務者負担の原則（民法485条本文）に従って債務者たる従業員の負担となり、例えば、復職時の診断書の作成費用については、特に規則等での定めがない限りは従業員の負担になるのが原則です。

もっとも、本ケースは週1～2日程度の欠勤を理由に使用者から積極的に受診命令を発する事案です。このように、直ちに従業員が労務提供ができないとまで断定ができない状況で使用者側から受診を求めるような場合には、債権者の行為による増加費用（民法485条但書）として、使用者の負担となる可能性があります。

このような法的理解を前提としても、実務では、例えばお金がないという反論を受けることがあります。こうした議論に巻き込まれてしまうと、結局、使用者側が診断費用を負担しないことによって診断を受けることができなかった、だから普通解雇は無効だという主張を招くおそれもありますので、よほど濫用的な事案を除き、基本的には使用者で負担するという実務対応が望ましいと考えます。

▶2-4-2　自宅療養で療養環境を確保するための対応

2-4-2-1　安全配慮義務の意義・根拠・範囲（自宅療養に安全配慮義務が及ぶか）

Q　入社２年目23歳の従業員ですが、現在うつ病にて通院中です。主治医より３か月間休養が必要との診断書が、先ほど従業員本人から提出されました。この従業員には、主治医の診断に従って自宅療養に入り、体調の回復を図ってもらう予定ですが、従業員は独身で１人暮らし、家族は遠方にいます。１人で自宅療養に入っても大丈夫でしょうか。

A　雇用契約上、使用者は従業員に対して安全配慮義務を負いますが、これはあくまで労務提供過程において、その労務提供に伴う危険性から従業員を保護すべき義務であり、自宅療養の環境についてまで介入して保護すべき義務を原則として負うものではありません。

● 安全配慮義務とは？

安全配慮義務とは、従業員が労務提供のために設置する場所、設備又は器具等を使用し又は使用者の指示のもとに労務を提供する過程において、従業員の生命及び身体等を危険から保護するよう配慮すべき義務のことをいいます。

これは、川義事件（最３小判昭和59年４月10日労判429号12頁）判決や、陸上自衛隊八戸車両整備工場事件（最３小判昭和50年２月25日民集29巻２号143頁）をはじめとする判例法理によって確立された考え方であり、雇用契約における信義則上の付随義務として導かれるものです。近時は、こうした判例法理を前提に、労契法５条に明文規定が置かれました。

また、精神疾患の発症に関する使用者の配慮義務（健康配慮義務などといわれることがあります）については、電通事件（最２小判平成12年３月24日労判779号13頁）判決は、「使用者は、その雇用する従業員に従事させる業務を定めてこれを管理するに際し、業務の遂行に伴う疲労や心理的負荷等が過度に蓄積して従業員の心身の健康を損なうことがないよう注意する義務を負うと解するのが相当」としましたが、使用者の従業員の業務管理に伴う健康配慮義務も、安全配慮義務の一環ということができます。

● 自宅療養に安全配慮義務が及ぶか？

では、本ケースのように独身者がうつ病で自宅療養を行い、万が一症状が悪化した場合や自殺をしてしまったような場合、使用者は、そのことについて従業員や相続人から安全配慮義務違反に問われる可能性があるのでしょうか。

安全配慮義務は、あくまで業務管理その他の労務提供過程における危険性から従業員を保護すべき配慮義務に留まり、従業員の健康それ自体の確立を目指すべき義務ではありません。そして、従業員が、休職、欠勤又は休業等によって自宅療養している場合、従業員が使用者の管理下に置かれているとはいえませんので、原則として、安全配慮義務が及ぶことはありません。

● 実務対応

このように、法的には、原則として安全配慮義務が自宅療養に及ぶことはなく、１人暮らしの従業員が単独で自宅療養しても直ちに使用者がその責任を問われるものではありません。

もっとも、前述のとおり、単独での療養が治療にとって必ずしも望ましいとはいえない可能性がありますし、万が一症状が悪化した場合に休職が長期化することに伴う使用者の実質的な負担の増大も考えられるところです。

そこで、使用者は、できれば主治医と面談し、従業員の今後の復職見込みや、従業員に対する療養への助言内容を確認し、従業員にその助言内容の遵守を促し、記録を残しておくことが望ましいと考えます。

2-4-2-2　自宅療養に対する実務対応

Q　2-4-2-1のケースで、自宅での療養を従業員に委ねるとしても、会社がそのまま放置しておくことは問題ないでしょうか。使用者として対応すべきことがあれば教えてください。

A　従業員の療養環境について、独居でよいのか、家族と同居がよいのか、正解はありません。病気の特性やその時の状態によって判断する必要があります。その判断が難しい場合には、産業医や主治医に相談するとよいでしょう。

療養に際して独居か家族との同居かによってどのような影響があるかについては、いずれについてもメリットとデメリットがありますので、詳細は**図表5**にまとめて解説します。

図表5　療養環境（独居・家族同居）におけるメリットとデメリット

	メリット	デメリット
独居	・主治医を変える必要なし ・（家事など自分でできる場合）自分のペースで療養に専念できる ・（1人暮らしの場合）同じ環境で復職への準備を進めることができる	・安否の心配が生じる ・家事や食事面でのサポートがない ・（体調不良時）通院できず医療中断の可能性あり ・アルコールの問題が生じやすい
家族と同居	・家族が近くで見守ってくれる ・家族のサポートにより生活リズムが規則正しくなりやすい ・今後の方針（復職もしくは退職など）について一緒に検討しやすい	・（遠方の場合）主治医の変更が必要になる ・（親の介護など家族の問題がある場合）療養に専念できない ・（家族から病気の理解が得られない場合）療養環境に適さない

療養に必要な期間は、病気の特性や症状の重篤度によって左右されるため、個人差はあります。精神疾患は回復まで一定期間を要するため、数か月から半年間の療養期間が一般的です。療養期間をどのように過ごすかは重要で、安心して生活できる環境でなければ、病状の回復が遅れることはしばしばあります。

図表5では、独居の場合と家族との同居の場合の双方におけるメリットとデメリットを整理しました。病気の状態が不安定なときや、特に希死念慮があるときには、単独で療養するのは危険なため、家族のもとで誰かが見守っている環境が必要です。

もっとも、今回のケースのように家族が遠方の場合、実家に戻って療養するためには実家近くの医療機関へ転院する必要があります。信頼していた主治医を変更するときの従業員は大きな不安を感じやすいものです。その不安を軽減するためにも、従業員は元主治医へ診療情報提供書を依頼し、新主治医のもとで治療を継続していくことが望ましいといえます。

2-4-2-3　健康情報を同意なく家族に伝えてよいか（個人情報保護法、プライバシーとの関係）

Q　本人に病識がないために自ら受診せず、「陰口を言われる」、「他の社員に自分の業務を妨害される」など被害妄想的な苦情を訴え続ける従業員について、状況を産業医に診てもらい休職とすることにしました。本人が一人暮らしであるため、家族に事情を知らせようと思いますが、法的に何か問題があるでしょうか。

A　従業員に対する安全配慮の必要がある場合には、家族に状況を伝えて構いません。

ただし、従業員本人の健康情報はセンシティブなものですから、いかに家族といえども必要性もなく伝えることは、個人情報保護法やプライバシー侵害との関係で問題となり得ます。

● 従業員の家族への健康情報の伝達は個人情報の第三者提供に該当する

本ケースのように統合失調症が疑われるケースでは、自殺の可能性もあります。休職に入った後は基本的に本人側で対応すべき事柄ではあるものの、本人の安全配慮の観点から、家族に事情を話して引き渡したほうがよいケースも、労務管理の実務の中ではみられます。

家族への従業員本人の健康情報の伝達は、いわゆる個人情報を第三者に提供するものであるところ、本人が病識なく受診を拒み続ける状況であれば、「人の生命、身体又は財産の保護のために必要がある場合であって、本人の同意を得ることが困難であるとき」（個人情報保護法27条1項2号）に該当するものとして、本人の同意なく第三者である家族に個人情報を提供できると考えることができます。

また、プライバシー権の侵害との関係では、分裂病（現在の統合失調症）が疑われるケースで、家族や保護者に対し本人に治療を受けさせるよう依頼することは適切な行動であると説示する裁判例（豊田通商事件・名古屋地判平成9年7月16日）もありますので、不法行為による損害賠償請求が認められることは少ないだろうと考えられます。

● 採用時に身元保証書を提出させている場合はまず身元保証人に連絡する

実務的には、採用時に身元保証書を提出させているならば、まずは身元保証人に連絡をとるべきでしょう。健康面等を理由に労務提供に支障が生じている場合であれば、身元保証書の記載によっては身元保証人に連絡をとることについて個人情報保護法上の第三者提供の同意があると解釈できる場合もあるでしょうし、本人が連絡先として身元保証人を指定している以上、プライバシー侵害の程度も弱まると考えられます。身元保証人がいない場合には、同居している直近の家族や親族（配偶者、いなければ親又は子）が望ましいといえます。

● 伝達する家族が親の場合の留意点

なお、伝達する家族が親の場合、親は自らの子が病気、特に精神障害であることは認めがたく反発されることもありますし、従業員の受診について会社に対応を求めてくることもあります。

しかし、会社としては、職場で行われた異常な行動等を丁寧に説明し、休職を適用して本人に回復の機会を付与することを粘り強く説明して、家族の協力を取りつける対応をすべきです。安易に会社で対応を引き受けたり、家族に知らせず本人を放置したりすることは望ましくありません。

▶2-4-3　休職する従業員の担当業務の処理・引継ぎの進め方

Q　メンタルヘルス不調で従業員が休職することとなりました。当該従業員の担当業務はこれまで1人で行ってきたため、休職中の仕事に支障をきたさないよう、引継ぎを行いたいと考えています。どのような点に注意すればよいでしょうか。

A　体調不良で従業員が休職するときの引継ぎの際に留意すべきポイントとしては、次の３つが挙げられます。

図表６　業務の引継ぎの際に留意すべきポイント

1　引継ぎは、短時間＆短期間を原則とし、必要最小限にとどめる 2　引継ぎ場面には、引き継ぐ従業員だけでなく、業務を理解している人も同席するのがよい 3　引継ぎ後は、原則として業務の連絡は行わない。追加の引継ぎが必要な場合の連絡方法や関係者への連絡についても了承をとる

2-4-3-1　ポイント１　引継ぎは、短時間＆短期間を原則とし、必要最小限にとどめる

従業員が休職となった場合、担当者以外に仕事を把握している人がおらず、職場が困るケースがあります。引き継ぐ側は、せめて業務に支障がないように引継ぎに時間をかけたいと考えがちですが、会社の安全配慮上の観点からも、引継ぎは、原則として短時間＆短期間とし、必要最小限にとどめるべきです。

例えばメンタルヘルス不調により療養に専念する場合、医師からの病気療養への専念が必要であることを記した診断書が提出されていることが多いです。会社としては、安全配慮上の観点からも、そのような診断書を受領したら速やかに療養に専念できるように配慮することが求められます。

その際の引継ぎ期間は、どの程度が妥当なのでしょうか。決められたものはありませんが、一両日中で引継ぎを終え、その後は療養に専念することが通常と思われます。ただし、体調が思わしくなく引継ぎのための出社も困難である場合は、引継ぎを強制するべきではなく、直ちに療養に専念させるように手配しましょう。

2-4-3-2　ポイント2　引継ぎ場面には、引き継ぐ従業員だけでなく、業務を理解している人も同席するのがよい

休職前の業務の引継ぎでは、引継ぎのための十分な時間の確保は困難です。そのため、休職者が担当していた業務の後任者を早急に決めて、引継ぎができるように工夫しましょう。一方で休職者は心身の不調があるため、引継ぎ資料が十分にない場合は、引き継ぐ人が要領良く業務のポイントを聞き出す必要があります。引き継ぐ人の業務への知識が乏しい状況では、必要最小限の引継ぎも困難となってしまう可能性があるため、部課内において最も休業者の業務を理解している人にも同席してもらうことが重要となります。

2-4-3-3　ポイント3　引継ぎ後は、原則として業務の連絡は行わない。追加の引継ぎが必要な場合の連絡方法や関係者への連絡についても了承を得る

休業中は、業務に関する問合せを行わないのが原則です。ただし、引継ぎ後も休職者しか把握していないことが少なからず発生すると思われます。その場合、電話やメールなどを使い、休業者の合意のうえで、本人に負担のない範囲で聞くのであれば成り立つでしょう。その場合も、できるだけ時間を短くし、頻回とならないように質問事項を整理しておくような配慮が求められます。

また、顧客やビジネスパートナーなどの社外の関係者への配慮が必要です。関係者へは、速やかに担当が変更となったことを伝えるようにしましょう。その際、休職者が自ら連絡を行うのは困難な場合も多く、業務を引き継いだ人が行うことが妥当でしょう。

さらに、必要に応じて休職者宛てのメールの内容を確認しなければならない場合があります。会社が付与したメールアドレスは、原則として会社が確認する権利を有していますが、事前に休職者からその旨の了承を取りつけておくとトラブルなく円滑であると思われます。

▶2-4-4　休職に入る従業員が在宅勤務の場合の貸与パソコンの取扱い

Q　休職に入る従業員が在宅勤務の場合、業務で使用しているパソコンはどのようにしたらよいでしょうか？

A　休養に入ったら職場や業務から一定の距離を置くため、休職中は自宅で仕事ができない環境をつくることがとても重要です。会社貸与のパソコンや携帯電話等は自宅から回収しましょう。回収後は会社のメールアドレスを使用したメールでの連絡はできなくなるため、個人のメールアドレスや個人の携帯電話への連絡やショートメールの送信、自宅電話への連絡など、別の連絡手段を確保しておきましょう。

● 会社貸与のパソコンや携帯電話等は回収する

休職に入る従業員には、同僚や関係者に負担や迷惑をかけていないかと不安に駆られてしまうケースが見受けられます。よって休職に入っても自分の担当業務の進捗、社内の動向が気になって、ついついパソコンを開いてしまいます。このほか、全社員への一斉メールや社内掲示板を閲覧することで不安な気持ちが高まることも、多いものです。そうすると、休職に入っても会社や仕事から距離を置くことができずに、症状の回復が得られません。

休養に入ったら職場や業務から一定の距離を置くため、休職中は自宅で仕事ができない環境をつくることがとても重要です。一番良い方法は、会社貸与のパソコンや携帯電話等を自宅から回収することです。回収方法には以下のような方法があります。

・業務の引継ぎのため短時間の出社をする際に、本人がパソコン等を持参する
・（本人が出社することが困難な場合）人事担当者や上司が従業員の自宅までパソコン等を受取りに行く

・（家族の協力が得られる場合）家族が会社を訪問して届ける
・（遠方で療養する場合）パソコン等を梱包して宅急便で会社に送ってもらう

● 連絡手段の取決めをしておく

会社貸与のパソコンや携帯電話等を回収するため、会社のメールアドレスを使用したメールでの連絡はできません。そのため、休職中の連絡方法は、一般的に個人のメールアドレス宛のメール送信、個人の携帯電話への連絡やショートメール送信、自宅電話への連絡となります（休職中の連絡方法については **2-4-5** 参照）。

▶2-4-5　休職中の従業員への連絡方法

Q 休職に入って1年近く経過する従業員がいます。休職前に、2週に1回はメールや電話で体調確認および事務連絡をすること、と口頭で同意を得ていました。休職して1〜2か月の間はメールのやり取りができていたのですが、次第にレスポンスが悪くなり、半年経過したあたりからメールの返信がなくなり、電話にも出なくなりました。診断書は郵送で提出されています。安否確認のために連絡をとったほうがよいでしょうか。それとも連絡を待っていたほうがよいでしょうか。具体的な対応法を教えてください。

A 休養開始時の病状が不安定な時期と復職前では、会社が関わる頻度も異なります。休養中の従業員との連絡をとる必要性と利点を考えて運用を検討するようにしましょう。可能であれば、休養に入る段階で連絡をとる場合の窓口や連絡方法を決めて、併せて診断書の提出方法や復職方法についても、事前に説明をしておくとよいでしょう。

● 休養中の従業員との連絡をとる必要性、実益

メンタルヘルス不調で休養（以下、ここでは私傷病休職とそれに先行する欠勤や休暇期間をあわせて「休養」といいます）することは、従業員とその家族にとって非常に不安な出来事です。病気に対する不安だけでなく、復職に対する多くの現実的な不安や焦りを抱いています。休養期間中の会社からの必要な働きかけや連絡は、従業員の負担にならない範囲で適切に行われるべきです。

適切な連絡は、休養中の従業員の不安や孤立感を和らげるだけでなく、症状の回復と復職に要する期間が短縮される効果が期待されます。

厚生労働省の『改訂 心の健康問題により休業した労働者の職場復帰支援の手引き』（https://www.mhlw.go.jp/content/000561013.pdf）の第1ステップに示されているように、休養中は管理監督者や産業保健スタッフが中心となって、従業員が安心して療養期間を過ごせるように支援していくのがよいでしょう。

休養中の従業員とどれくらいの頻度で連絡をとり合うかは、就業規則にそのことが明記されていない限り、病気の特性やそのときの状態によって判断する必要があります。その判断が難しい場合には、産業医や主治医に相談するとよいでしょう。

人事異動や組織変更など職場環境に大きな変化が生じた場合は、必要最小限の情報を社員に伝えておくと、戸惑いがなく、ある程度心の準備をして復職に望めるでしょう。

● 休養中に連絡をとる場合の望ましい方法

休養に入り職場から一定の距離を置くことで、症状の落着きをみせることは多いものです。一方で会社を休むことや復職への不安が強い場合は、せっかく休養に入ったのに十分な療養が得られないことがあります。そのため、会社からの連絡方法や復職支援の流れ等について、人事労務担当者や職場の管理監督者、産業保健スタッフ

を交えて事前に話し合い、社員に伝えておくことが望ましいといえます。

また、休養中の社員の状態は家族の対応によって左右されることが多いため、必要に応じて家族に説明を行うこともあるでしょう。休養開始時の病状が安定していない状態では、必要最小限の連絡にとどめるのが望ましいといえます。しかし、何も情報がない状態で休養に入るのは従業員にとって非常に不安なため、休養開始時に下記の内容を決めておき、安心して休養期間を過ごせるように支援していくのがよいでしょう。

休養中の連絡に際して、具体的な方法を解説します。

(1)　連絡方法を決めておく

従業員との連絡窓口は一本化しておくのがよいでしょう。一般的に、窓口は職場の管理監督者がなることが多いですが、不調の原因が上司との関係性にある場合は、人事労務担当者が窓口となることもあります。

また、休養中の定期的な連絡方法や頻度は、事前に決めておくとよいでしょう。休養期間の前半は療養に専念してもらうため、過度な連絡は避ける必要があります。連絡方法は、本人の負担の少ないメールや電話が望ましいといえます。具体的な頻度は、2週間の通院ごとにその旨を連絡する、1か月ごとの診断書を提出時に簡単に病状を報告する、などが現実的かと思います。

(2)　必要な情報を伝えておく

休養に入るにあたって、どのぐらいの期間療養できるのか、給与など金銭面の補助はどうなっているのか、従業員は現実的な不安を抱いています。その不安をある程度軽くしてあげるために、必要最小限の情報は従業員に伝えるべきです。有給休暇の残日数や欠勤・休職制度については、人事労務担当者から伝える必要があります。欠勤となると無給扱いとなる会社がほとんどだと思いますので、その際の傷病手当金などの社会保障制度についても説明しておくとよいでしょう。

(3) 休養延長や復職の流れを示しておく

休養に入る段階で、診断書の更新や復職方法について事前に説明をしておくとよいでしょう。休養開始時は、主治医から「1か月の休養を要する」と、1か月間の療養の指示が出されるケースが多くあります。こうした情報をもとに休職期間が検討されますが、精神的な疾患の回復には一定期間を要するため、休養期間の延長が必要になることもあります。その場合は、診断書の期限（一般的には3か月）が切れてしまうことがありますので、新しい診断書の提出を従業員に求める必要があります。

また、体調が回復して復職を検討する段階に入った場合は、復職を可とする主治医の診断書の提出があることや、産業医面談が復職の条件であることなど、復職の流れについて簡単に説明しておくとよいでしょう。復職前の「試し勤務制度」がある会社では、その制度の説明などもしておく必要があります。社内の復職支援のフローや制度などを一通り説明したもの（**図表6**）などがあると便利です。

図表６　休業・職場復帰支援のしおり

休業・職場復帰支援のしおり

●●　●●様

このリーフレットは、病気の治療のために会社を休業する従業員の欠勤・休職・職場復帰支援の手順をご理解いただき、あなたが安心して療養に専念できるように作成しました。

ご不明な点があれば、人事・総務担当者までお問い合わせください。

◆休業開始時

休業開始時に、速やかに、**主治医に依頼して「病気休業を必要とする」旨の診断書**を取得し、所属事業所の**人事・総務担当者に**提出してください（書類の発行費用は本人負担)。なお、必要な場合には会社の指定する医師（産業医等）への受診を依頼することがあります。

◆休 業 中

(1) メンタルヘルス不調では、職場復帰まで長期間の療養が必要となる場合があります。療養中は、メールの確認なども含めて業務からは離れて、主治医及び産業医の指導のもと、治療に専念してください（例：アルバイト等の副業や海外旅行等は原則としてできません)。

(2) 職場の上司又は人事・総務担当者は、原則として、あなたが休業中、**定期的（概ね１か月おき）に**療養の状況及び職場復帰の意思等について確認を行います。連絡の頻度や方法（電話、E-mail アドレスなど）は、原則としてあなたとの相談のうえ決定しますが、会社が、必要に応じて適宜変更することがあります。

(3) 産業医、職場上司及び人事・総務担当者は、健康面、安全配慮の観点から対応が必要と考えられるとき、原則として**あなたの同意を得たうえで**、主治医（就業上の配慮等に関する情報の照会)、家族等に連絡をとります。しかし、安全性や緊急性の観点から、主治医や家族等に連絡をとる必要があり、あなたの同意を得ることが困難な場合は、やむを得ず同意を得ることなく連絡を取る場合もあります。

(4) 休業を延長する必要がある場合、原則として前の欠勤（休職）届の**期限が切れる２週間前までに、**延長に係る欠勤（休職）届・主治医の「病気休業を延長する必要がある」旨を記載した診断書を**人事・総務担当者に提出**してください。

(5) 長期欠勤で無給の状態が長引いた場合、給与から控除できなかった**社会保険料（本人負担分）等を会社に支払っていただく**ことがあります。なお、お支払いいただく金額等については給与担当者より別途ご案内させていただきます。

◆職場復帰希望時

あなたの「**職場復帰の意思確認**」と「**職場復帰に関する主治医の意見（会社が指定する職場復帰に関する主治医意見書を使用します）**」を、人事・総務担当者が確認した後、会社は以下の手順で職場復帰の手続きを開始します。なお、職場復帰までは一定の期間（例：職場受入れ準備には数週間～１か月程度、試し勤務の実施であれば１か月以上）を要する場合がありますので、余裕をもって上記書類（書類の発行費用は本人負担）を提出していただく必要があります。

■　会社は、上記に加えて、産業医による面接の意見をもとに、あなたの職場復帰の可否を決定します。その際、会社は、必要に応じて、あなたの同意を得たうえで、主治医に質問に対する回答や職場復帰に際しての追加の就業上の配慮等の情報提供を追加で依頼することがあります。

■　職場復帰は、休職前の職務及び待遇での復帰が原則となります。ただし、産業医の意見その他に基づき、 会社が判断した場合、休職前の職務とは異なる職務及び待遇で復帰させる可能性があります。

■　会社は、あなたと産業医、職場上司、人事・総務担当者等による面談の結果を参考に、職場復帰の時期、復帰先職場、就業上の配慮等について決定します。

■　必要に応じて、会社は職場復帰の前に職場復帰プログラムの利用を検討します。職場復帰プログラムとして行う通勤訓練や試し勤務のために、一定の準備期間を必要とします。

◆療養できる期間とその間の賃金について

病気やけがで長期間の療養が必要となる場合、以下の制度を利用できます。

休業の種類	可能期間（最大）	賃金
欠勤	○か月	給与・賞与なし（※1 ※2）
休職	○年○か月	

（※１）欠勤・休職とは、病気の治療のために会社を休業する場合の制度です。日数のカウントは土日や祝日を含めた暦日で行います。最初は欠勤となり、その後、就業規則の定めに従い、休職となることがあります。欠勤及び休職の期間は無給ですが、健康保険から傷病手当金の給付を受けることができます。

（※２）　限度額適用認定証（事前申請）により、入院、手術など高額な医療費が見込まれる場合に、医療機関への支払いを自己負担限度額までに抑えることができます。

◆職場復帰の準備について

(1) 職場復帰は、原則として従前の業務が通常の程度に遂行できる健康状態に回復していることが前提となります。療養中は、ある程度体調が安定してきた時点で、「復職準備チェックシート」を記入していただきます。厚生労働省の『改訂 心の健康問題により休業した労働者の職場復帰支援の手引き』にて示されている、以下の職場復帰の基準を参考に準備を行ってください。

① **労働者が十分な意欲を示している**
② **通勤時間帯に一人で安全に通勤ができる**
③ **決まった勤務日、時間に就労が継続して可能である**
④ **業務に必要な作業ができる**
⑤ **作業による疲労が翌日までに十分回復する**
⑥ **適切な睡眠覚醒リズムが整っており、昼間に眠気がない**
⑦ **業務遂行に必要な注意力・集中力が回復している**

(2) 職場復帰の可否判断にあたり、職場復帰前に、職場復帰プログラムとして**通勤訓練**を行っていただくことがあります。通勤訓練とは、通勤訓練計画書に従って、自宅から職場付近まで通常の出勤経路で移動を行い、自宅外（図書館等の公共施設、ジム、プールなど）で一定時間を過ごした後に帰宅するというものです。これを**原則として１か月以内の会社が必要と認める期間続けて行い**、職場復帰のための準備を行います。

通勤訓練期間中は、労務の提供や賃金は発生しませんので、**交通費は自己負担**となります。また、**労災保険の適用外**ですので、労働災害や通勤災害は適用されません。移動の際には事故等に十分に注意してください。

(3) 職場復帰の可否判断にあたり、**出勤に関する訓練等（試し勤務）**を、**会社の指示**により受けていただくことがあります。

試し勤務は、休職期間中又は欠勤期間中に実施され、職場復帰による就労には該当しません。一方で、正当な理由なく拒む場合、**職場復帰の判断に影響**することがあります。なお、試し勤務期間中の給与に関しては、会社の定めに従い支給されます。

◆職場復帰について

職場復帰後は、体調の悪化を避けるために、**時間外勤務の制限や業務量の軽減**など、**一定期間は就業上の配慮**を行う場合があります。就業上の配慮の内容は、産業医面接を経て会社が決定します。

問合せ内容	担当者	連絡先
欠勤申請・診断書提出 その他連絡事項	人事課　○○　○○	○○@○○.co.jp （TEL：03-○○-○○）
健康管理室	保健師　○○　○○	○○@○○.co.jp （TEL：03-○○-○○）

以上、不明な点があれば、遠慮なく人事・総務担当者までご相談ください。

▶2-4-6　傷病手当金をめぐる対応

2-4-6-1　傷病手当金と給与の関係

Q　休職している従業員が支給申請している傷病手当金の額が思ったよりも少ないので、会社が所得補償の意味で上乗せして給与の20%ほどの金額を支給してあげようと思いますが、留意点はありますか？

A　事業主から給与が支払われると、傷病手当金が支給調整されます。

　大企業の健康保険組合において傷病手当金が支給されるケースでは、当該組合の特質や財政状況により付加給付（傷病手当付加金）が支給され（健康保険法53条）、傷病手当金と合わせて8～9割程度の所得補償となります。一方、協会けんぽ等の法令どおりの傷病手当金は、標準報酬日額の3分の2に相当する金額（67%程度）ですので（健康保険法99条1項）、従来の所得よりだいぶ金額が減ります。

　そこで、休職等で勤務できない従業員に対しても、会社が従来の給与の20%程度を支給することで、一定の所得補償をしてあげられないかと考える場合があります。

　業務災害を原因とする休業により労災保険の休業補償給付が支給される場合に会社が上乗せ給付（給与支給）をする場合は、平均賃金の60%未満の給与支給であれば休業補償給付の支給停止はありません。しかしながら、健康保険の傷病手当金については、報酬の全部又は一部を受けることができる場合には、これを受けることができる期間、受けることができる報酬の額が傷病手当金よりも多いときは傷病手当金は支給されませんし、受けることができる報酬の額が傷病手当金の額より少ないときは、その差額が支給されるにとどまります（法108条1項）。

なお、支給調整がされるのは、あくまで当該従業員を使用している者から支払われる報酬に限られますので、福利厚生の一環として損害保険会社等のGLTD（団体長期障害所得補償保険）を準備するケースがみられます。

2-4-6-2　傷病手当金と退職

Q　従業員が休職期間中に回復の見込みがないので退職したいと言っていますが、その場合、傷病手当金も支給されなくなるのでしょうか。

A　一定の条件のもとに退職後も傷病手当金を受けられます。

休職期間中には、医師の証明のほか、事業主が「労務に服さなかった日」を支給申請書に証明して、途中復職する期間があっても、通算1年6月分、傷病手当金の支給を受けられます。

休職期間中に退職を申し出てきた場合も、当該従業員が健康保険の被保険者資格喪失の前日まで引き続いて1年以上被保険者であったときは、傷病手当金の支給開始からの期間が1年6か月になるまでの間は、傷病手当金の継続給付の支給を受けることができます。退職後も支給を受けられることは、退職のスムーズな合意形成において重要な要素ですので、傷病手当金の支給残期間のほか、当該従業員の被保険者期間も確認しておくといいでしょう。

2-4-6-3　傷病手当金と労災

Q　従業員が傷病手当金の支給申請書における「発症時の状況」の欄に、上司からパワハラがあった旨の記述をしています。会社としてこのまま申請させてよいのでしょうか。

A　法的に問題ありませんが、会社意見を付けて申請する対応もあり得るところです。

労災保険の休業補償給付申請書における「災害の原因及び発生状況」の欄については使用者の証明が求められますが、傷病手当金支給申請書の「発症時の状況」の欄については使用者が証明するものではないので、そのまま申請させても、事業主として法的には問題ありません。

しかし、当該従業員との紛争が想定される場合には、発症の原因について会社の認識を明確にしておくために会社意見を付けるのも実務対応の１つです。

また、上司のパワハラが原因であるのならば労災に当たる可能性もあります。労災申請により給付があった場合には、当該従業員は傷病手当金受給相当額を戻入することの誓約を求められることがあります。

▶2-4-7　休職期間中に主治医と接触する場合の対応

2-4-7-1　休職期間中の私傷病の診療関係書類作成費用、医療相談費用の負担関係

Q　休職期間が長期化しているため、本人に同意を得たうえで、主治医宛に診療情報提供書（**図表 12**。123 ページ参照）の作成を依頼しました。その後、主治医より診療情報提供書を受け取りましたが、業務上における配慮など会社として知りたい情報の記載がありませんでした。そこで、会社の人事担当者と上司とで主治医に会いに行き、従業員の体調や職場復帰について相談しようと考えています。

診療情報提供書に係る費用や面談での医療相談に要する費用は、会社が負担すべきでしょうか。

A　従業員が私傷病休職時に提出する就労不能であることを記載した診断書や、復職時に提出する就労可能であることを記載した診断書については、休職者本人が自己負担すべきで

しょう。しかしながら、使用者がこれらの診断書類を精査する観点から、さらに診断書類の提出を求める場合には、使用者が費用を負担すべきものと考えられます。

● 休職とは？

休職とは、ある従業員について労務に従事させることが不能又は不適当な事由が生じた場合に、使用者がその従業員に対し労働契約関係そのものは維持させながら労務への従事を免除すること、又は禁止することをいいます。このうち、私傷病休職の目的は、本来、私傷病による欠勤は労務提供という従業員の債務不履行に当たり、解雇事由に該当するところ、日本の長期雇用という慣行を背景に、休職期間中に従業員に療養させて復職の機会を付与する点にあり、その意味で解雇猶予制度ということができます。

● 休職に関する費用は原則として従業員が負担すべき

そして、民法は、債務の弁済費用について、原則として債務者が負担すべきものとしています（民法485条本文）。そのため、労働契約に基づいて負担する労働義務の履行のための費用については、原則として従業員が負担することになります。

そして、休職時及び復職時に自らの就労能力又は就労不能の状況等を示すために診断書類を入手することは、まさに労働義務履行のため、又は不履行を正当化するための費用ということができます。

そのため、原則として、私傷病休職に関する費用については従業員が負担すべきものであり、例えば、休職時の就労不能を証する診断書や復職時の就労可能である旨の診断書については、従業員が自己の負担で取得すべきものといえます。

● 使用者が費用を負担すべき場合

もっとも、主治医の診断書を通じて従業員が労務提供が可能であることを伝えたところ、使用者がさらに精査が必要だとして主治医との面談を求め、産業医への診療情報提供書の提出を求め、あるいは使用者の指定医への受診を求めるような場合はどうでしょうか。

これは、使用者が、主治医の診断書が直ちに信用できない等の理由から追加して調査を行うものです。このような使用者の意向による増加費用については、民法は「債権者が住所の移転その他の行為によって弁済の費用を増加させたときは、その増加額は、債権者の負担とする。」としています（民法485条但書）。

したがって、このような増加費用については使用者が負担すべきものと考えます。

● 本ケースにおける対応

本ケースでは、「休職の長期化」という事情から、会社が主治医に業務上の配慮事項について、面談して問合せを行うものです。しかし、本来、復職に際し従業員自らが申し出るべきものです。

したがって、この費用については従業員が負担すべきものと考えます。

2-4-7-2　主治医との面談を秘密録音することの可否、証拠能力、実務対応

Q　休職が長期化している従業員に関する相談を行う主治医との面談において、会社は主治医との面談内容を本人（及び主治医）の同意なく録音してもよいでしょうか。また、その場合に裁判でその録音は証拠として使えるでしょうか。

A　主治医との面談で同意なく録音することは避けるべきでしょう。同意のない録音が証拠として使用できるか否かは、使用できる可能性もありますが、リスクは否定できません。主治医の同意を得るように説得し、得られない場合には面談録を作成すれば足りるものと考えます。

● 主治医へのヒアリングを録音すべきか？

主治医との面談においては、休職者の現在の状況や今後の見通しについて主治医の意見が述べられますので、後日の紛争等に備えて、ヒアリング内容を記録化しておくことが必要であり、一般的な方法としては、面談担当者が手控えをもとに面談録を作成することがあります。

もっとも、これらは面談担当者が聴取内容を書面に起こすものであるため、供述者たる主治医の確認を経ない面談録については、後日、主治医から記載内容の正確性について争われる可能性も否定できません。

また、主治医に対するヒアリングでは、患者である従業員と会社との利害が衝突する場合があり、主治医がヒアリング担当者に対して常に好意的であるとは限らず、潜在的な対立関係にあることが少なくありません。そのため、後日の紛争に備えて、ヒアリング内容だけではなく、ヒアリング時の状況等についても客観的に記録に残すべく、録音しておく必要性は否定できません。

しかし、主治医は、基本的に患者たる従業員の利益を考慮する立場にありますから、そのような立場の主治医からすれば、会社から録音の可否を尋ねられるだけで、警戒感を抱くことは想像に難くありません。そこで、事案にもよりますが、会社が主治医の率直な意見を聞くことを目的に面談を申し入れる場合であれば、基本的に録音の申入れは避けるべきでしょう。

● 秘密録音をすべきか？

では、上記を踏まえつつ、録音することを秘してヒアリングを行うこと、つまり秘密録音を行うことは許されるでしょうか。

この点に関しては、従来から、秘密録音をした録音テープに民事訴訟において証拠能力が認められるか、という点が議論されてきました。例えば、東京高裁判決昭和 52 年 7 月 15 日（判タ 362 号 241

頁、判時867号60頁）は、「話者の同意なくしてなされた録音テープは、通常話者の一般的人格権の侵害となり得ることは明らかであるから、その証拠能力の適否の判定に当たっては、その録音の手段方法が著しく反社会的と認められるか否かを基準とすべきものと解するのが相当」とし、単に酒席で録音していることを知らないまま録取した場合には、証拠能力を否定されないと判示しました。

これをみる限り、裁判例はある程度秘密録音を許容しているかのような印象を受けるかもしれませんが、留意しなければならないのは、この裁判例はあくまで民事訴訟の証拠能力につき判断を示したものであるという点です。

そのため、供述者が無断で録音されたことをもって人格権侵害を理由に慰謝料請求を行ってきた場合にまで違法性がないと判断されるかに関しては、リスクを払拭することはできないと考えます。

いずれにしても、秘密録音が正当化されるには、人格権侵害を正当化するに足りる事情が必要というべきであり、一般的な主治医面談で秘密録音に踏み切ることは、避けるべきでしょう。

▶2-4-8　欠勤・休職に関する規定をめぐるQ&A

2-4-8-1　通算規定の設計（通算対象・通算期間）

Q　腹痛、頭痛、腱鞘炎、交通事故でむち打ちなったこと等の複数の理由で、休職と復職を繰り返す従業員がいます。当社の病気休職制度では、休職期間を通算する規定があるのですが、復職後6か月以内に同一又は類似の傷病で休んだ場合のみ通算対象とする規定となっています。そのため、上記従業員への対応に苦慮しています。

通算の対象は、必ず同一又は類似の傷病としなければならないのでしょうか。また、通算期間は6か月以内としなければならないのでしょうか。

A 現在の休職規定上、休職期間の通算にあたり、復職後6か月以内における同一又は類似の傷病が対象として定められている以上、同一又は類似の傷病が通算の対象と言わざるを得ませんが、制度設計の問題としては、より広く定める余地があると考えます(2-3-7参照)。また、通算期間については、現在の休職規定上、復職後6か月以内における同一又は類似の傷病が対象として定められている以上、現時点で復職後の再度休職となる者への通算としては、6か月の通算規定を適用するほかにありませんが、将来の適用において、制度設計の問題としては、より広く定める余地があると考えます。

● 休職期間の通算規定の必要性

休職制度のうち、私傷病を理由とする私傷病休職（病気休職）は、私傷病を理由とする一定期間の欠勤をした場合に発令されるもので、休職期間中に従業員に療養させて復職の機会を付与する点に目的があり、解雇猶予制度ということができます。

この休職期間の長さは、各企業の規模や実情に応じて、当該従業員の勤続年数や傷病の性質を考慮しながら、どの程度の雇用保障を付与するか、つまりどの程度の期間解雇を猶予するか、という観点から定められます。そして、休職期間が満了すると当然退職となるか、普通解雇事由とされます。

そして、いったんは従業員が復職を果たした場合であっても、再発し、再び欠勤となる場合があります。そのような場合にも再度休職期間が全部付与されることになれば、使用者の負担が過重になることがあるため、休職期間の通算規定が置かれることが増えています。

● 通算規定の設計（職場復帰後に休職する場合の通算期間を1年と定めるのが望ましいこと）

では、この通算規定における通算期間はどの程度として定めればよいのでしょうか。

メンタルヘルス不調などによる職場復帰後に、どの程度の期間を置いて休職期間をリセットすべきか（通算期間の設計）という論点がしばしば検討されています。企業によってその通算期間の設定は様々ではありますが、一般的には通算期間を6か月としている企業が多くみられます。

しかし、通算規定をどのような内容にするかという問題も、休職期間の長さと同様、当該従業員にどの程度の雇用保障を付与するか(解雇を猶予するか)、という観点から検討されるべき制度設計の問題ですので、論理必然的に6か月とすることが求められている訳ではありません。

そして、メンタルヘルス不調では、治療期間や再発頻度が高いことから、短すぎる通算期間では、休職期間がリセットされた後に病状が再発し結果として病気休職が繰り返される例も多く、適切な通算期間の検討が望まれます。

本来、休職期間がリセットされる趣旨は、「疾病が治癒したと判断するのに妥当な期間」が経過しても労務提供が継続しているため、もはや従前の私傷病休職と切り離して新たな休職期間という雇用保障を付与しても構わない、といえるからです。

そのような観点で検討すると、うつ病を例にとれば、休職期間がリセットされるまでの期間を1年程度とすることが妥当であり、そのように考える理由は以下の3点です。

まず、1つ目の理由です。うつ病の再発率が高いことはよく知られています。一般に初めてうつ病を発症してから2度目の再発は、約5割程度の頻度で起こるといわれています。また、3度目以降の再発があればさらに再発の頻度は上昇します。そのため、うつ病は再発を繰り返す慢性疾患の側面を持ち合わせていますので、この点を考慮して期間設定を検討する必要があります。

次に、2つ目の理由ですが、うつ病は完全に治癒した状態（寛解）まで回復しない例もあります。一般的に、うつ病の寛解率は3分の2程度であり 、残りの3分の1程度の方は、症状が残存しています。そのため、復職後も症状は軽度持続しながら勤務をすることが想定されており、その結果再発リスクが高まり、再休職となるリスクが否定できません。

最後に、3つ目の理由ですが、うつ病の寛解状態が維持された後も、一定程度の期間、薬物療法を続ける必要があります。初発の場合、寛解導入後最低6か月～9か月程度、2回目のエピソードでは1年以上、3回以上のエピソードでは場合は2年以上、処方を継続するほうがよいとされています(注3)。

以上の3点の理由から、うつ病は再発しやすい疾患であることは疑いようがなく、職場復帰後の休職期間の通算期間は、1年程度の期間とすることが妥当と考えます。

実際、通算期間についても同様に制度設計の問題であり、必ずしも6か月に限られず、1年とすることも可能だと考えます。現に、地方公共団体の休職期間の通算に関する分限条例の規定等を見ても、通算期間1年とする公共団体が多数見受けられます(注4)。

（注3）Rush AJ., Trivedi MH., Wisniewski SR., et al., Acute andlonger-term outcomes in depressed outpatients requiringone or several treatment steps: a STAR*D report. Am JPsychiatry 163, 1905-1917, 2006.

（注4）東京都職員の分限に関する条例4条2項

第4条　（休職の期間）

（中略）

2　前項の場合において、休職の処分を受けた職員が第六条の規定による復職の日から起算して1年以内に再び当該休職の処分の事由とされた疾病と同一の疾病により休職の処分を受けるときのその者の休職期間は、当該復職前の休職期間を通算して3年を超えない範囲内において休養を要する程度に応じ、個々の場合について、任命権者が定める。この場合において、当該復職前の休職期間が更新されている場合にあっては、更新前の休職の開始の日（更新が2回以上されているときは、最初の更新前の休職の開始の日）から休職期間を通算するものとし、通算した期間が３年に満たない場合においては、休職期間を通算して３年を超えない範囲内において、これを更新することができる。

通算規定の設計（通算の対象を同一又は類似の原因による疾病に限定する必要があるか）

実務では、一度精神疾患で長期にわたり病気休職となった後に復職して間もない時期に、一見まったく異なる私傷病（例えば、腰痛、腹痛等）でさらに長期の欠勤・休職を重ねる事例が見られます。このような場合、本ケースの通算規定の適用対象たる同一又は類似の原因による私傷病ということはできません。実際には詐病の可能性が否定できませんが、直ちに詐病とも断定できません。

通算規定の適用対象は、通算規定の期間と同様、当該従業員にどの程度の雇用保障を付与するか（解雇を猶予するか）、という観点から検討されるべき制度設計の問題です。そのため、必ずしも同一又は類似の傷病のみを対象とする必要はなく、異なる傷病を通算することも可能と考えます。

この点に関し、国家公務員法が適用されていた郵政事務官が、適応障害を理由に２年間の休職処分等を受けた後、１年間勤務軽減措置を受けながら復職したものの、その後に適応障害が再発したことから、郵便局長が従前の休職期間を通算して無給休職を発令し、その通算の可否が争われた事例があります（日本郵政公社（茨木郵便局）事件・大阪地判平成15年７月30日労経速1847号21頁、労判854号86頁）。この事案で、裁判所は、異なる種類の疾病でも通算が可能であり、かつ１年間の勤務軽減措置を受けたうえでの復職前後の休職期間の通算を認めました。

したがって、休職と復職がまったく異なる種類の疾病で繰り返されているような場合には、このように通算規定の適用対象を拡大して定めることも、１つの選択肢だと考えます。

● 通算規定の設計（本ケースの検討）

もっとも、本ケースでは「同一又は類似の私傷病」という対象を限定した就業規則の規定が既に定められています。そのため、この規定を無視してまったく異なる種類の傷病に通算規定を適用することは困難で、就業規則の改定を検討する必要があります。

その場合、就業規則の不利益変更となりますが、本ケースのような事象が発生するなどの改正の必要性があること、不利益を受ける従業員への配慮（現に休職中の者には改定後の規定を適用しないといった経過措置等が考えられます）、労働組合との適切な協議等を経たのであれば、合理的な変更として効力を認められる可能性があると考えます。

2-4-8-2 回復可能性がない場合における休職の要否

Q 精神疾患で既に相当の回数にわたり休職している従業員が、今般、統合失調症との診断を受け、再度、「要療養」と記載された診断書を提出してきました。今後復職の可能性がないのではないかと思っているのですが、そのような場合に、休職制度を適用することなく、直ちに普通解雇してもよいでしょうか？

また、交通事故により脳挫傷で休職となった従業員が、植物状態となって回復可能性がないことが判明した場合、休職処分を取り消し、直ちに普通解雇してもよいでしょうか？

A 私傷病休職（病気休職）は、休職期間中に従業員に療養させて復職の機会を付与する解雇猶予制度ですので、そもそも復職の可能性がない場合にまで休職を認める必要はありません。ただし、精神疾患の場合、復職が可能か否かの判断は容易ではありませんので、私傷病休職の適用を否定して直ちに解雇することは、慎重に検討する必要があります。

● 復職可能性がない場合に私傷病休職を認める必要はない

前述のように、休職とは、ある従業員について労務に従事させることが不能又は不適当な事由が生じた場合に、使用者がその従業員に対し労働契約関係そのものは維持させながら労務への従事を免除すること、又は禁止することをいい、私傷病を理由とする私傷病休職（病気休職）は、休職期間中に従業員に療養させて復職の機会を付与する目的で、私傷病を理由とする一定期間の欠勤をした場合に、解雇猶予措置として発令されるものです。

そのため、私傷病休職は、休職期間中の療養によって復職することを前提としていますので、例えば植物状態になった場合のように、休職期間中の復職が見込まれない場合には、私傷病休職を経ることなく直ちに普通解雇を行うことにも相当性が認められます（農林漁業金融公庫事件・東京地判平成18年2月6日労判911号5頁）。

● 精神疾患の場合における復職可能性の判断は慎重に検討すべき

もっとも、復職の可能性の有無については一概に論じることが困難な場合もあります。とりわけ、精神疾患に関していえば、休職期間中に復職の可能性がないとまで断ずることは困難な場合が少なくありません。

実際に、裁判例でも、統合失調症が原因となって問題行動を繰り返していた職員に関し、使用者が休職を経たとしても回復可能性がないとして、休職を経ることなく分限免職（民間でいう普通解雇）をした事案について、裁判所は「医師の治療を集中的に受けることによって、原告が職務遂行可能な程度に回復する可能性のあることを否定することはできない」として、使用者の分限免職を無効と判断した事例があります（武蔵村山市事件・東京地判平成24年9月26日労判1064号72頁）。

したがって、精神疾患の事例における休職期間中の復職可能性の有無については、慎重に検討する必要があります。

▶2-4-9　メンタルヘルス不調に起因する問題行動が見られる従業員への対応

Q　当社の従業員で、出勤すると何者かによって監視されているなどと言って合理的理由のない欠勤を続けている者がいます。これは無断欠勤に当たりますので、懲戒解雇又は普通解雇してもよいでしょうか。

A　問題行動を行っている従業員に精神疾患等が疑われる場合には、直ちに普通解雇や懲戒解雇をするのではなく、療養の機会を付与するべく、医師の診察や休職処分等の検討を優先すべきです。

● 労働契約における欠勤の意味

労働契約は、従業員が使用者に使用されて労働し、使用者がこれに対して賃金を支払うことについて、従業員と使用者が合意することによって成立する契約であり（労契法6条）、一般に、従業員が欠勤して労働義務を履行しない場合、債務不履行となりますので、原則として普通解雇事由に該当し、普通解雇することが可能となるのが原則です。

また、上記欠勤が無断欠勤であるとか許容できない理由に基づく欠勤であるなど、当該企業の企業秩序を害する形で行われれば、職場の秩序が乱れて他に悪影響を及ぼしますので、就業規則に懲戒解雇等の懲戒処分の種類と事由が定められているのであれば、一般に、一定期間以上の無断欠勤を理由に懲戒解雇を行うことも可能です。

もっとも、普通解雇と懲戒処分のいずれについても、客観的に合理的理由がなく、社会通念上相当と認められない場合には、権利の濫用として無効となります（労契法15条、16条）。

● メンタルヘルス不調に起因する思われる問題行動への対応

では、本ケースで理由の合理性ないし処分の相当性が認められるでしょうか。

無断欠勤の理由は、「出勤すると何者かに監視されている」というもので、病的な背景がうかがわれるところです。このような場合、この疑われる病気に関して何ら療養・改善の機会を付与することなく契約解消を図るということは、普通解雇ないし懲戒解雇の相当性を欠くと評価される可能性があります。

この点に関し、日本ヒューレット・パッカード事件最高裁判決（最2小判平成24年4月27日労判1055号5頁）も、「精神的な不調のために欠勤を続けていると認められる労働者に対しては、精神的な不調が解消されない限り引き続き出勤しないことが予想されるところであるから、使用者である上告人としては、その欠勤の原因や経緯が上記のとおりである以上、精神科医による健康診断を実施するなどした上で…（中略）、その診断結果等に応じて、必要な場合は治療を勧めた上で休職等の処分を検討し、その後の経過を見るなどの対応を採るべきであり、このような対応を採ることなく、被上告人の出勤しない理由が存在しない事実に基づくものであることから直ちにその欠勤を正当な理由なく無断でされたものとして諭旨退職の懲戒処分の措置を執ることは、精神的な不調を抱える労働者に対する使用者の対応としては適切なものとはいい難い。」との判断を示して、諭旨退職の懲戒処分を無効と判断しました。

● 実務対応

こうした判例の考え方を前提とすると、使用者は、精神疾患等に起因して問題行動を行っている従業員に対し、直ちに普通解雇や懲戒解雇を行うのではなく、人事担当者や産業医との面談等を通じて現状を把握したうえで、必要に応じて医療機関への受診を勧奨し、応じない場合には受診命令を発し、精神疾患等が判明すれば休職処分を発令するなど、療養により心の不健康を解消して復帰する機会を付与する必要があると考えます。

● メンタルヘルス不調を使用者が認識していない場合

これに対し、使用者が精神疾患を認識していない場合はどうでしょうか。

使用者が精神疾患を認識していない以上は、そもそも休職処分を発令する余地はなく、解雇の有効性を左右しないのが原則と考えられます。しかし、従業員において精神疾患を示唆する言動が認められるのであれば、使用者としては、精神疾患か否かを確認するなどの努力を尽くすべきであり、そのような努力を尽くさないまま普通解雇等を行う場合には、相当性を欠くものとして、無効と判断されるリスクが否定できないと考えます。

この点に関し、裁判例では、障害者（身体障害者）として採用された市の職員が問題行動を繰り返した結果、分限免職（民間の普通解雇に相当）となり、これに対して職員側が障害者に対する合理的配慮義務を怠ったものとして争った事案があります。この事案で、裁判所は、職員の上司らが一時的に高次脳機能障害等を疑ったことが認められるものの、職員自身が医療機関で高次脳機能障害が否定された旨述べたこと、産業医や他の医療機関でも高次脳機能障害を含む脳の異常は指摘されなかったこと等から、分限免職当時、職員の高次脳機能障害を認識し、又は認識し得たとは認められないとして、分限免職処分を有効と判断した事例があります（大阪府・府知事（障害者対象採用職員）事件・大阪地判平成31年1月9日労判1200号16頁）。

第3章

復職編

3-1 はじめに

休職期間が満了すると、休職していた従業員は当然退職となるか、普通解雇事由に該当することになります。そのため、休職期間の満了に際しては、長期にわたって休職していた従業員から、突如として復職が可能である旨の主治医の診断書が提出されることが少なくありません。しかし、その従業員と実際に面談してみると、体調が悪そうでとても仕事ができそうもない様子であるような場合にしばしば直面します。このような事案で対応に苦慮される企業の担当者の方もいらっしゃると思います。

そこで、本章では、このような休職期間満了に際しての手続きについて、就業規則の整備の必要性について確認したうえで、適切な復職準備及び復職判定に資する復職準備チェックシートのひな型を示し、その趣旨やチェックシートの項目内容、利用方法などについて解説しています（なお、就業規則のモデル条項については、**2-3-6** を参照してください）。

さらに、企業の担当者が休職期間満了の場面で直面する復職可否の判断等の問題点については、**3-4** で「治癒」という多義的な概念について整理・解説したうえで、基本な考え方と実務対応を解説しています。また、その一環として、障害者雇用促進法の平成 25 年改正により導入された合理的配慮義務と復職可否の関係について検討を加え、実務対応について解説しています。

3-2 休職期間満了時の規定を確認する

就業規則に定められた休職期間が満了した場合、会社は、当該休職者について、休職事由が消滅したものとして復職させるか、休職事由が消滅しなかったものとして退職したものとする（もしくは解雇する）かを判断しなければなりません。

会社にとって労働者の休職及び復職をめぐる最大のポイントは、休職から復職させるべき労働者は復職させ、復職させるべきではない労働者は復職させない、といういわば当たり前の判断をいかに適切に実施するか、ということです。

そのために、会社は、医学的又は法的に見て、休職者がどのような状態まで回復すれば復職させるべきか、逆に言えば、どのような状態まで回復しない限り復職させるべきではないのか、そして、それをどのような基準で判断するのか、を知らなければなりません（「治癒」の意義、復職の判断基準）。

また、会社が休職者を復職させるべきか、復職させるべきでないかを適切に判断するためには、一度試してみることが、労使ともに最も納得できる結論を得やすいと考えられます。このような観点から、後述の「試し勤務」を復職判定前に実施することにより、復職の是非をめぐる労使のトラブルが発生するリスクを最も少なくできると考えられます（「試し勤務制度の必要性」）。

会社は、上記のような観点をもとに、休職期間満了時の手続きに関する規定を整備する必要があります（右の規定は **2-3-6** の再掲です。解説については、**2-3-6** 参照）。

（休職期間満了時の手続き）

第26条　休職期間満了までに休職事由が消滅しない場合、当然退職とする。

2　従業員は、第23条第1項第1号又は同2号の休職事由が消滅したとして復職を申し出る場合、又は同4号の休職事由が業務外の傷病を原因とするものであって、当該休職事由が消滅したとして復職を申し出る場合には、医師の治癒証明（診断書）を提出しなければならない。なお、治癒とは、第23条第1項第1号後段に規定する意味と同一とする。

3　前項による診断書の提出に際して、会社が診断書を作成した医師に対する面談や診療録の提出等を求めた場合、従業員は、その実現に協力しなければならない。

4　第2項の診断書が提出された場合でも、会社は会社の指定する医師への受診を命ずることがある。

5　会社は、従業員が正当な理由なく第3項の協力や前項の受診命令を拒否した場合、第2項の診断書を休職事由が消滅したか否かの判断材料として採用しないことがある。

3-3 復職準備チェックシートを使って準備する

▶3-3-1　復職に向けた準備の必要性

3-3-1-1　職場復帰前の準備は、再発予防に重要である

1-1 で述べたとおり、職場復帰後の５年以内の再休職率は約５割といわれています。再休職者の６割は職場復帰後１年以内に再休職しており、４割は６か月以内です。

職場復帰の重要な判断材料となる主治医の診断書ですが、精神科領域で提出される復職可能と判断する診断書の基準は、主治医によって異なります。その理由は、治療者と患者の間の人間関係や患者擁護の立場から、本人の希望を汲んだ意見となりやすいこと、また、精神科主治医の復職可能という判断は、原則的には精神症状の改善や安定に基づくことが多く、実際の就業場面や業務内容を想定した意見となっていないことが挙げられます。

そのため、職場の現状と合致しないことがあり、診断書の判断のみで復職可能としてしまうと、程なく悪化（もしくは悪い状態のまま経過）して再度の休職に至る可能性が高いと予想されます。

そのため会社では、実際に復職を希望する従業員について、抑うつ気分や意欲の低下といった療養に至った精神症状の改善していることは勿論として、職場に復帰して働くための体調管理や健康管理、日常生活のリズム、再発防止といった、復職前の準備に取り組めているかを確認する必要があります。

3-3-1-2　復職準備チェックシートを活用して回復の程度をみる

職場復帰（又は試し勤務）の準備がどの程度できているかを判断するための指標として、復職準備チェックシート（**図表7**）を紹介

します。

このシートは、十分な経験を有する産業医・精神科医、労務を専門とする弁護士を中心に質的ヒアリング調査を行い、職場復帰に必要となる6つの項目を定義しました。うつ病リワーク協会作成の「職場復帰準備性評価シート」(注5)をもとに筆者らが職場復帰のシーンに特化して改変しています。

復職準備チェックシートは、①基本的生活、②体調管理、③業務遂行能力、④コミュニケーション、⑤健康管理、⑥再発防止の大項目から成り立っています（**図表8**参照)。6つの項目はさらに細項目に分かれており、職場復帰を準備する過程で、本人による主観的評価と他者（産業医又は人事・上司等）による客観的評価を行い、両者で体調の回復状況の評価にギャップがないかを確認します。両者の評価にギャップが生じたときは、その認識の違いについて話し合います。自他の認識のギャップは、復職後の職場内のトラブルの原因となることも多いので、復職前にすり合わせを行い、目指すべきポイントを明確にしておきましょう。

具体的な使用時期は、本人との面談の前に本人に主観的評価の欄を記入してもらいます。その後面談の際、評価者（事業場の人事スタッフ、管理監督者、産業保健スタッフなど）が本人に同じ質問をして、その情報をもとに評価し、客観的評価の欄に記入します。

「①基本的生活」から順に回答します。なお、試し勤務等を実施する際は実施前及び実施後にそれぞれ評価して、その変化をチェックするのが有効です。このチェックシートの基本的な使い方として、各項目は1・2・3・4の4段階で評価します。1が最も好ましくない状態、4が最も好ましい状態です。

各項目の医学的意義については、**3-3-3**で解説します。

（注5）酒井佳永、秋山剛、土屋政雄ほか「復職準備性評価シート(Psychiatric Rework Readiness Scale）の評価者間信頼性、内的整合性、予測妥当性の検討」精神科治療学2012年27巻5号655-667頁）

図表7　復職準備チェックシート

復職準備チェックシート			記入日:　　年　　月　　日 *本人の情報をもとに評価してください。			
氏名:			生年月日:　　【　　】歳	できていない ←　できている →	できていない ←　できている →	
評価者氏名:			部署:			
			評価項目	主観的評価	客観的評価	備考(補足事項があれば記載)
① 基本的生活	1	起床時刻	健康に出勤していた時と起床時刻はほぼ同じか。	1　2　3　4	1　2　3　4	
	2	食生活リズム	健康に出勤していた時のように食事リズムは規則的か。	1　2　3　4	1　2　3　4	
	3	戸外での活動	定期的に戸外で数時間活動できているか。	1　2　3　4	1　2　3　4	
② 体調管理	4	精神症状の影響	憂うつ、不安、イライラ、意欲のなさなどのために日常生活に支障がないか。	1　2　3　4	1　2　3　4	
	5	身体症状の影響	頭痛、発熱、下痢、めまいなどのために日常生活に支障がないか。	1　2　3　4	1　2　3　4	
	6	睡眠の質	よく眠れているか。	1　2　3　4	1　2　3　4	
	7	睡眠時間	健康に出勤していた時と比べて睡眠時間が極端に短い、又は長くないか。	1　2　3　4	1　2　3　4	
	8	昼間の眠気	昼間の眠気はないか、もしくはあっても日中の活動に支障がないか。	1　2　3　4	1　2　3　4	
	9	疲労の回復	疲労を翌日に持ち越していないか。	1　2　3　4	1　2　3　4	
③ 業務遂行能力	10	勤怠状況	試し勤務中、体調不良による遅刻・早退・休みはないか。	1　2　3　4	1　2　3　4	
	11	集中力	集中しようとしたときに集中できるか。	1　2　3　4	1　2　3　4	
	12	判断力・思考力	自発的に考えて適切な判断できるか。	1　2　3　4	1　2　3　4	
	13	業務への意欲・関心	業務に対する意欲や関心があるか。	1　2　3　4	1　2　3　4	
	14	柔軟性	状況に応じて柔軟に対応できるか。	1　2　3　4	1　2　3　4	
	15	問題解決	問題発生時に問題を分析して解決できるよう努力できるか。	1　2　3　4	1　2　3　4	
	16	合理的思考	自分に求められている役割や仕事レベルを理解できるか。	1　2　3　4	1　2　3　4	
④ コミュニケーション	17	家族や友人との関係	家族や友人に必要な相談できるか。	1　2　3　4	1　2　3　4	
	18	職場との関係	職場の関係者に必要な相談ができるか。	1　2　3　4	1　2　3　4	
	19	主治医との関係	定期的に通院して主治医と話し合いができているか。	1　2　3　4	1　2　3　4	
⑤ 健康管理	20	服薬へのコンプライアンス	主治医の指示に従って通院及び服薬を継続しているか。	1　2　3　4	1　2　3　4	
	21	健康管理スタッフとの関係	必要に応じて報告・連絡・話し合いができるか、指導を受け入れているか。	1　2　3　4	1　2　3　4	
	22	再発防止への心構え	再発の可能性について理解し自発的に考えているか。	1　2　3　4	1　2　3　4	
⑥ 再発防止	23	休職の要因の理解	休職に至った要因を自己分析して理解しているか。	1　2　3　4	1　2　3　4	
	24	自己分析	自分にとってのストレス状況を分析して理解しているか。	1　2　3　4	1　2　3　4	
	25	ストレスケア	ストレスを緩和する方法を把握して実践しているか。	1　2　3　4	1　2　3　4	
	26	不調時の対処	体調が悪化したときの対処法を理解しているか。	1　2　3　4	1　2　3　4	

▶3-3-2　復職の判断基準を踏まえた復職準備チェックシートの利用方法

復職前に試し勤務を実施することは、従業員と企業の双方にメリットがあります。まず、従業員が、実際の職場において自身の回復状況や職場の仕事を確認しながら復帰の準備を進めることができます。次に、企業も病状の再燃やそれにより業務に支障を引き起こす可能性、病状が悪化した場合の安全配慮義務上の責任を問われる可能性を軽減できるメリットがあります。結果として、試し勤務を導入することで、より安全で高い職場復帰率をもたらすことが期待されます。

ただし、試し勤務の前には、従業員の病状が安定した状態であるかの判断を、**図表7**の復職準備チェックシートを利用して丁寧に行う必要があります。客観的で公正な判断が担保できるようにすることが重要だからです。

復職準備チェックシートは、**図表8**のように構成され、それぞれの項目では以下の内容を確認します。

図表8　復職準備チェックシートで確認すること

大項目	確認する内容
①　基本的生活	基本的な生活リズム
②　体調管理	日々の精神症状の程度
③　業務遂行能力	業務作業に対する能力の回復程度・勤労意欲
④　コミュニケーション	勤務に対しての準備状況・対人接触
⑤　健康管理	通院や服薬等を含めた疾病管理の状況
⑥　再発防止	再発防止策や振り返りの状況

細項目では、各項目について主観的評価と客観的評価を５段階で評価します。主観的評価は従業員が自己評価し、客観的評価は産業医及び人事労務担当者が確認し、従業員の復職準備がどの程度のレベルにあるか把握します。

試し勤務を開始する前に、従業員と産業医及び人事労務担当者を交えて、復職準備チェックシートをもとに面接を行います。試し勤務の開始に向けてどのような準備を整えていけばよいかを確認し、試し勤務の開始日を決定します。また、試し勤務中は、復職準備チェックシートを更新し、従業員と産業医又は人事労務担当者が、1週間に1回程度の頻度で面接をします。不足している課題を見える化し、解決策を双方で考えるとよいでしょう。

試し勤務の終了時には、これまでの復職準備チェックシートの結果をもとに、復職の可否を判断するための参考材料とすると、円滑な職場復帰につながります。仮に復職不可となった場合も、双方にて課題を共有できていることから、復職の判断において認識の違いが生じにくく、トラブルに発展する可能性は避けられるものと思われます。

【参照】一般社団法人日本うつ病リワーク協会：
https://utsu-rework.org/info/tool.html

▶3-3-3　復職準備チェックシートの質問からわかること

3-3-3-1　基本的生活リズムや症状は十分に回復しているか

「①基本的生活」、「②体調管理」の大項目は、職場復帰の際に最も重要かつ基本となる項目です。規則正しく起床し、規則正しく食事や睡眠がとれているか、また基礎的な体力や意欲が回復して日中活動できているか、心身の症状の回復の程度を評価します。生活記録表（**図表9**）の内容とも照らし合わせながら評価するとよいでしょう。

上記①、②の大項目は規則正しい生活を送るうえで基礎となる部分ですので、各小項目は3以上に該当するのが望ましいといえます。1・2が大半を占めるようでしたら、職場復帰に向けた基本的生活リズムや症状の回復が十分でない可能性が高いといえます。早急に主治医に相談し、復帰に向けて準備をしてよい状態なのか主治医の意見を改めて聞くよう本人に助言しましょう。

図表9　生活記録表

生活記録表（記入例）

部署		従業員番号		名前	

<table>
<tr><th rowspan="2">日付</th><th rowspan="2">曜日</th><th rowspan="2">4</th><th rowspan="2">5</th><th rowspan="2">6</th><th rowspan="2">7</th><th rowspan="2">8</th><th rowspan="2">9</th><th rowspan="2">10</th><th rowspan="2">11</th><th rowspan="2">12</th><th rowspan="2">13</th><th rowspan="2">14</th><th rowspan="2">15</th><th rowspan="2">16</th><th rowspan="2">17</th><th rowspan="2">18</th><th rowspan="2">19</th><th rowspan="2">20</th><th rowspan="2">21</th><th rowspan="2">22</th><th rowspan="2">23</th><th rowspan="2">0</th><th rowspan="2">1</th><th rowspan="2">2</th><th rowspan="2">3</th><th colspan="3">症状（○・△・×）</th><th rowspan="2">日記（日々の出来事や考え、気分など）</th></tr>
<tr><th>睡眠</th><th>気持ち</th><th>体調</th></tr>
<tr><td colspan="2">休養開始時
生活リズム不安定</td><td></td><td></td><td></td><td></td><td></td><td></td><td></td><td></td><td></td><td></td><td></td><td></td><td></td><td></td><td></td><td></td><td></td><td></td><td></td><td></td><td></td><td></td><td></td><td></td><td></td><td></td><td></td><td></td></tr>
<tr><td>7/4</td><td>月</td><td colspan="7">睡眠</td><td>朝食</td><td colspan="3">ＴＶ</td><td colspan="2">昼寝</td><td colspan="5">インターネット</td><td>夕食</td><td>風呂</td><td colspan="2">ＴＶ</td><td colspan="2">睡眠</td><td>×</td><td>×</td><td>×</td><td>睡眠のリズムが悪い、外出する気力がなく、家の中でダラダラと過ごしてしまった。</td></tr>
<tr><td colspan="2">療養２か月目
生活リズム安定</td><td></td><td></td><td></td><td></td><td></td><td></td><td></td><td></td><td></td><td></td><td></td><td></td><td></td><td></td><td></td><td></td><td></td><td></td><td></td><td></td><td></td><td></td><td></td><td></td><td></td><td></td><td></td><td></td></tr>
<tr><td>8/30</td><td>火</td><td colspan="4">睡眠</td><td>朝食</td><td>ＴＶ</td><td colspan="3">インターネット</td><td>昼食</td><td colspan="3">散歩</td><td colspan="2">昼寝</td><td>夕食</td><td>風呂</td><td>ＴＶ</td><td colspan="6">睡眠</td><td>○</td><td>△</td><td>△</td><td>朝起きて、昼間に散歩に行った。でも疲れやすく、帰宅後は昼寝をしてしまった。</td></tr>
<tr><td colspan="2">療養３か月目
図書館通所</td><td></td><td></td><td></td><td></td><td></td><td></td><td></td><td></td><td></td><td></td><td></td><td></td><td></td><td></td><td></td><td></td><td></td><td></td><td></td><td></td><td></td><td></td><td></td><td></td><td></td><td></td><td></td><td></td></tr>
<tr><td>9/22</td><td>木</td><td colspan="3">睡眠</td><td>朝食</td><td colspan="2">散歩</td><td colspan="2">図書館</td><td>買物</td><td>ＴＶ</td><td colspan="3">インターネット</td><td colspan="2">家事</td><td>夕食</td><td>風呂</td><td colspan="2">読書</td><td colspan="5">睡眠</td><td>○</td><td>○</td><td>△</td><td>午前に図書館に行き、午後は洗濯・掃除をした。日中の眠気は軽くなってきた。</td></tr>
<tr><td colspan="2">療養４か月目
自主的な通勤訓練</td><td></td><td></td><td></td><td></td><td></td><td></td><td></td><td></td><td></td><td></td><td></td><td></td><td></td><td></td><td></td><td></td><td></td><td></td><td></td><td></td><td></td><td></td><td></td><td></td><td></td><td></td><td></td><td></td></tr>
<tr><td>10/19</td><td>水</td><td colspan="3">睡眠</td><td>朝食</td><td colspan="2">通勤訓練</td><td colspan="3">カフェ</td><td colspan="4">通勤訓練・買物</td><td colspan="2">ＴＶ</td><td>夕食</td><td>ＴＶ</td><td>風呂</td><td colspan="2">読書</td><td colspan="4">睡眠</td><td>○</td><td>○</td><td>△</td><td>会社の最寄り駅まで通勤訓練をした。カフェで読書をして過した。集中力はまだ不十分かな。</td></tr>
<tr><td colspan="2">療養５か月目
週末に友人と食事</td><td></td><td></td><td></td><td></td><td></td><td></td><td></td><td></td><td></td><td></td><td></td><td></td><td></td><td></td><td></td><td></td><td></td><td></td><td></td><td></td><td></td><td></td><td></td><td></td><td></td><td></td><td></td><td></td></tr>
<tr><td>10/22</td><td>土</td><td colspan="4">睡眠</td><td>家事</td><td>電車</td><td colspan="4">友人とランチ</td><td>電車</td><td colspan="2">昼寝</td><td>ＴＶ</td><td>夕食</td><td colspan="2">読書</td><td>ＴＶ</td><td>風呂</td><td colspan="5">睡眠</td><td>○</td><td>×</td><td>△</td><td>久しぶりに友人と食事をした。楽しかったが、思っていたより疲れた。復職はまだ難しいのかと、不安な気持ちになった。</td></tr>
<tr><td colspan="2">療養６か月目
会社へ通勤訓練</td><td></td><td></td><td></td><td></td><td></td><td></td><td></td><td></td><td></td><td></td><td></td><td></td><td></td><td></td><td></td><td></td><td></td><td></td><td></td><td></td><td></td><td></td><td></td><td></td><td></td><td></td><td></td><td></td></tr>
<tr><td>11/14</td><td>月</td><td colspan="3">睡眠</td><td>朝食</td><td colspan="2">通勤訓練</td><td colspan="3">会社</td><td colspan="2">通勤訓練</td><td colspan="2">家事</td><td colspan="2">PC 作業</td><td>夕食</td><td>読書</td><td>風呂</td><td colspan="6">睡眠</td><td>○</td><td>◎</td><td>○</td><td>通勤訓練、会社で短時間過ごした。会社では資格の勉強をした。この調子で試し勤務にトライしていきたい。</td></tr>
</table>

3-3-3-2　日中の眠気が業務遂行に影響しないか

また、「②体調管理」の小項目6・7・8は睡眠に関する質問です。精神疾患の再発予防には、夜間良い睡眠が十分とれていることが非常に重要です。夜の睡眠に問題があり、かつ日中眠気がある場合（小項目6・7・8の評価が1に該当する場合）は、早めに主治医に相談し、復職の準備はいったん延期するのが望ましいと思われます。

日中の眠気は業務遂行に大きな影響を及ぼします。眠気が続く場合（特に1に該当する場合）は、病状の回復が十分でない場合や服用中の薬の影響が大きいなどの問題がある可能性があります。早めに主治医に相談するよう助言しましょう。特に自家用車で通勤している場合や運転業務がある場合は、安全配慮の観点から内服薬の調整など早めの対処が必要です。必要に応じて産業保健スタッフが主治医に連絡して職場での配慮事項について相談することも有益です。

3-3-3-3　判断力や集中力、合理的思考が回復しているか

「③業務遂行能力」、「④コミュニケーション」は、業務を行ううえで必要となる能力です。業務遂行能力とは、判断力や集中力、合理的思考などが該当します。これらが病前に近い程度まで（病前を100％とすると80％程度まで）回復していることが、職場復帰を成功させる大きな要素となります。業務に関連したPC作業、又は業務に関連する本や新聞の記事を読むなど、集中力や判断力を必要とする行動が一定時間続くか評価します。

ただし、これらの作業は本来の業務と大きく乖離することも多いため、回復の程度を正確に評価するのは極めて困難であると思われます。よって評価が極端に悪い場合（すべて1又は2の評価になっているなど）を除き、回復の度合いを予測しておおまかに評価するのが現実的であると思われます。

また、コミュニケーションについては、元来コミュニケーションが得意でない特性がある従業員も少なくありません。よって、いくら症状が回復してもコミュニケーションの困難さは持続します。

よって比較対象は本人の病前・後であり、他者と比較するのは避けましょう。

3-3-3-4　治療継続に関する環境が整っているか

職場復帰後は通院できる時間帯が限られてしまい、定期的通院が継続できず服薬が中断してしまう事態に陥りがちです。加えて職場復帰後の環境変化と業務負荷により再発のリスクが高まります。

そこで、「⑤健康管理」では、本人が治療継続の重要性を十分に理解できているか、復帰後も通院が継続できるよう、あらかじめ主治医と今後の治療計画がきちんと話し合われているか、そして何か困ったことがあれば職場に相談しやすい関係ができているか、評価します。1・2に該当する場合は、本人に治療継続と相談対応の重要性について改めて理解を促しましょう。

3-3-3-5　不調のサインに気づき、対処できるか

「⑥再発防止」は、職場復帰後に安定して就労継続するために重要となる項目です。再発予防のためには本人が病気について理解し、不調になる初期サインに気づいてその際の対処法を整理できていることが重要です。

また、就業困難となった原因を振り返り、不調を防ぐためにどのような対処をすればよいか、ある程度整理できていることも重要です。もちろん過度に原因を突き止める必要はありませんが、本人がある程度整理できているか評価します。小項目23〜26の中で少なくとも1に該当しないことが望ましいですが、1に該当する場合は職場復帰に関する本人の意向を改めて十分に聞き、一緒に整理する時間をとるのがよいでしょう。

▶3-3-4　職場復帰の成否の大半は復帰前に決まっている

復職準備チェックシートにおいて、職場復帰の準備が整っていると判断された場合は、次のステップに進みます。その際、企業によっては試し勤務を行い、職場にて出社や軽減業務を行った後に復職とする場合もありますが、試し勤務制度がない場合、通常は職場復帰となります。

職場復帰を決定する際には、適切な復職判定がなされていたかどうかが重要ですが、復職判定のための枠組みとしては、産業医のみで決めるのでなく、職場関係者（産業医、非常勤精神科医、人事労務担当者、産業看護職など）による復帰判定委員会等の職場復帰を判断する合議により組織として判断を決定することが重要と考えられています。

復職準備チェックシートによる復職準備が整っている段階では、一定程度の回復が保証されていると考えられます。職場関係者の話し合いも円滑に進めることができ、復職判定のシステムが十分機能せず結果的に回復していない従業員の復職を認めるといった事態も避けられるでしょう。

3-4 復職判断に関する実務Q&A

▶3-4-1　復職可能との診断書が提出された場合の対応

Q　うつ病で休職に入って２年が経過する従業員（総合職）がいます。休職期間満了まで３か月を切ったため、復職について従業員に会社から問合せをしました。その後、主治医による「復職可能」との診断書が本人より提出されましたが、本人の様子を見る限り、素人目にも明らかに体調は悪そうで復職できそうもありません。

会社の規定では休職期間満了をもって自然退職となるため、何とか復職してほしいとは考えますが、当社は50人未満の事業所で産業医がいないため、このまま主治医の見解に従って復職させてもよいものか悩んでいます。

何か良い方法はありますでしょうか。

A　「寛解」とは、症状が治療開始後に診断基準を満たさない状態まで改善し、軽微な症状しか残っていない状態のことを指します。「治癒」については、医学的に明確な定義はなく、症状が改善して通院の必要性がない状態まで回復したと解釈していることが多いです。

復職の診断基準としては、単に寛解したというだけでは足りず、労働契約で定められた従前の業務を従前の程度に行う能力があり、かつ作業に従事しても症状が悪化することなく安定していることが必要です。なお従前の程度とは、医学的には80％程度の回復を意図することが一般的です。つまり完全に回復していない様子もみられるが、業務への支障はほぼないというイメージです。
　そのため、復職前又は試し勤務を実施する前には、従業員の病状が安定している状態にあるかの判断を丁寧に判断する必要があり、試し勤務開始前から終了までの間、1週間に1度程度復職準備チェックシートを利用し、従業員、産業医及び人事労務担当者が各項目を評価しましょう。課題を見える化し、復職のための客観的で公正な判断を担保できるようにするのが適切です。

● 治癒と寛解の違い

　まず、「寛解」とは、症状が治療開始後に診断基準を満たさない状態まで改善し、軽微な症状しか残っていない状態のことを指します。「治癒」については、医学的に明確な定義はなく、症状が改善して通院の必要性がない状態まで回復したと解釈していることが多いです。これに対し、労働契約上の「治癒」概念は、従前の職務を通常程度に遂行できる健康状態を回復したことを意味します。このように、「寛解」が臨床経過における医学的な概念であるのに対し、「治癒」が復職の場面では労働契約上の概念として用いられる点で異なります。その他、行政解釈でも「治癒」という概念が用いられますが、いずれも違いがあります。以下、具体的に説明します。

(1)　寛解とは

　一般的に「寛解」とは、症状が一時的あるいは継続的に軽減、又は消失して、臨床的にコントロールされた状態のことをいいます。治癒に近い状態ではありますが、精神疾患は症状消失後も一定期間の通院や予防的服薬など維持療法を行うことがほとんどで、治癒とはいわず「寛解」と表現します。
　しかし、多くの種類の精神疾患が存在するなか、すべての精神疾患において「寛解」「回復」等の用語が明確に定義されているわけ

図表 10　Frank らによる大うつ病エピソードの寛解、回復の診断基準

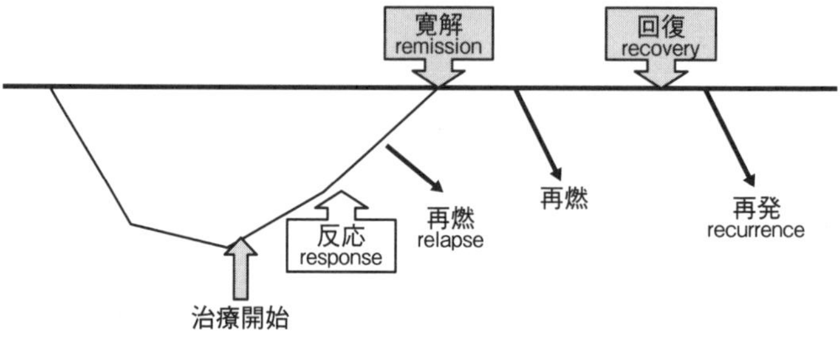

反応：治療開始後に症状が改善し、症候学的に診断基準を満たさない状態
寛解：さらに症状が改善し、症候学的に診断基準を満たさないだけでなく、軽微な症状しかない状態
回復：寛解が一定期間（8 週間）以上で持続した状態
再燃：反応及び寛解時期に大うつ病エピソードが出現した状態
再発：回復の後に大うつ病エピソードが出現した状態

（出典）角田智哉『うつ病の類型と経過』精神神経雑誌 2010 年 112 巻 3 号 230-234 頁をもとに著者作成

ではありません。代表的な精神疾患であるうつ病においては、Frank らによる大うつ病エピソードの寛解、回復の診断基準が定義されています（**図表 10**）。

(2)　労働契約上の「治癒」とは

労働契約の内容を定める就業規則において私傷病休職からの復職事由については、「休職事由が消滅したこと」や「治癒」等の表現が用いられるのが一般的です。いずれも、労働者の労務提供義務が債務の本旨に従って行うことができる状態に回復して復職できることを意味しています。

このように、労働契約上の復職事由たる「治癒」とは、一般に、従前の職務を通常程度に遂行できる健康状態に回復したことを意味すると解されています。

(3) 労災保険制度における「治癒」とは

これに対し、労災保険制度における「治癒」（治ったとき）は、療養の期間を画する概念です[注6]。つまり、療養期間中には、療養（補償）給付や仕事ができない場合には休業補償給付が支給されますが、治癒となった時点で、それ以降の療養補償給付や休業補償給付の支給は打切りとなり、その後も障害が残った場合には、障害補償給付が支給されることがあります。

ここでいう治癒とは、その症状が安定し、医学上一般に認められた医療を行ってもその医療効果が期待できなくなったとき、つまり症状固定を意味しますので、現実に就労が可能ではなくても、治癒として扱われることはあり得ます。

例えば、負傷の場合であれば、切創等の創面が癒合した場合又は骨折で骨癒合した場合であって、たとえ、なお疼痛等の症状が残っていても、その症状が安定した状態になり、その後の療養を継続しても改善が期待できなくなったときとされています。あるいは、疾病の場合であれば、「急性症状が消退し、慢性症状は持続していてもその症状が安定し療養を継続しても医療効果を期待することができない状態」になったと判断されるに至ったときが「治癒」であるということになります。

これを精神疾患についていえば、「医学的なリハビリテーション療法が実施された場合には、それが行われている間は療養期間となるが、それが終了した時点では、一般に、職場復帰が果たされるか、あるいは、症状の大きな変動がない状態に達するので、その時点が通常は治ゆ（症状固定）となる。」、また、「精神障害の治療では『寛解』という診断がなされることがある。これは、治療により精神障害の症状が現れなくなった状態や安定した状態を示すものであり、（中略）通常の就労（一般に１日８時間の勤務）が可能な状態で『寛解』との診断がなされている場合には、労災保険制度でいう治ゆ（症状固定）の状態にあると考えてよい。」とされています[注7]。

つまり、精神疾患においては、治療開始により症状が一定程度改善し、安定した後、それに引き続き社会復帰を果たすためのリハビリテーション療法等が行われるのが通例です。リハビリテーション療法については、外部機関で行われるリワークプログラム、社内の試し勤務、個人で実践する通勤訓練など、職場復帰を目指した様々な取組みが含まれます。こうしたリハビリテーション療法が実施された期間中は、まだ完全な社会復帰を果たしたことにはならないので、この時点では未だ「治癒」とはいえず、寛解・回復後の維持療法の経過も良好で、再発のリスクが低く、通常の従前業務に復帰可能になった時点が、労災保険制度における「治癒」と考えられています。

（注6）厚生労働省リーフレット『労災保険における傷病が「治ったとき」とは…』（令和4年3月）
https://www.mhlw.go.jp/new-info/kobetu/roudou/gyousei/rousai/dl/110427-1.pdf

（注7）平成23年12月26日基発1226第1号『心理的負荷による精神障害の認定基準について』

《コラム》「治癒」のアレコレ

「治癒」とは、簡単にいえば病気やケガが治ること。では、病気やケガはどの時点で治ったといえるのでしょうか？　その基準は「治癒」という言葉が用いられる場面で異なります。

一番思い浮かべやすいのは医学的な治癒ではないでしょうか。それを定義づけるとすれば、「薬物の持続的服薬、日常生活の制限、補助具の装用などを行わなくても生体の機能が正常に営まれ、かつ、病気の再発が予測されない状態」というものです。最近多く挙げられる精神障害では、上記のような完全回復でなくても「寛解」という状態、つまり「日常生活にあまり障害を与えない治療を続けて受けていれば、生体の機能が正常に保持され、悪化の可能性が予測されない状態」もあります（平成 22 年（健）第 268 号＝平成 23 年 8 月 31 日裁決参照）。

さらに「治癒」という概念は、労災保険で療養時に支給される休業補償給付（傷病補償年金）を打ち切る基準としての「治癒」として用いられるほか、健康保険で本来同一の傷病で通算 1 年 6 か月分を限度とする傷病手当金の再支給を認める概念としての「社会的治癒」があります。後者の「社会的治癒」と「寛解」とは治療上は似通った状況にあり、薬物の持続的服薬が予防的服薬の範疇にあり、また健常者と変わりのない社会生活を送っているか（従前の勤務ができているか）が基準となります。

本書で検討している休職からの復帰に際しての「治癒」は、従業員が労働契約上の債務を履行できるかが問題となっており、当該契約で本来任されるべき業務についての労務提供が十分になされているかが基準となります。

このように、一口に「治癒」と言っても、その使われる場面によって意味が大きく異なります。それを念頭に置いて、今検討している「治癒」がどの場面なのか意識して整理することが、各課題を理解するうえで有用であろうと思われます。

● 復職の判断基準の内容と試し勤務の必要性

(1)　一般的な判断基準の概要

一般に復職可否の判断は「精神症状の回復」ならびに「業務遂行能力の回復」などをもとに行います。これらに加えて、復職先は元部署なのか又は異動するのか、職場で受入れや支援が可能なのかに関する評価が必要です。

(2)　精神症状の回復の程度を評価する

精神症状の回復の程度の評価は、基本的な日常生活を送るために必要な身体・精神状態の安定が得られていること、また安定した睡眠や食事がとれていることなどを確認します。復職準備チェックシートの大項目の「①基本的生活、②体調管理」がこれに該当します。特に睡眠の問題が残存していると復職後の再休職のリスクを有意に高めるとの報告もありますので、安定した睡眠がとれていることはとても重要な要素といえます。

(3)　業務遂行能力の回復の程度を評価する

業務遂行能力は、業務を行ううえで必要な機能である集中力、判断力、注意力、意欲などを指し、これらがどの程度回復しているか評価します。一般に業務遂行能力の回復過程は、精神症状の回復より時間がかかります。就業規則等に則り労務を提供するための業務遂行能力が回復していること、つまり労働契約で定められた従前の業務を従前の程度に行う能力があり、かつ作業に従事しても症状が悪化せず安定していることが必要です。なお、「従前の程度」とは、医学的には80％程度の回復を意図することが一般的です。つまり完全に回復していない様子もみられるが、業務への支障はほぼないというイメージです。

(4)　業務遂行能力の評価に関する困難性

実際の現場では、復職判断の前に本人に病前と同じ業務を行ってもらい回復の程度を評価することは困難であるため、復職面談の際、主治医はもちろん産業医も業務遂行能力がどの程度回復しているか正確に判断するのは非常に難しく、本人が復職に向けて取り組んだことや日中の過ごし方、生活記録表の記録などを確認したうえで回復の程度を“予測”して判断するのが現状です。

よって、主治医は本人の診察にて精神症状の回復の程度、睡眠リズムの安定、日中の活動の程度などを評価したうえで、本人に復職の意向があることを確認できたら、業務遂行能力は概ね回復した可能性が高いと“予測”し、復職可能との診断書を作成することが多いと思われます。

(5)　試し勤務は復職後の就労継続に有益である

主治医から「復職可能」との診断書が提出されたものの、実際の職場で求められるレベルの業務遂行能力まで十分に回復していない、又は復職したものの早々に出勤困難となってしまうことがあります。このようなケースには様々な要因が考えられますが、業務遂行能力回復の評価精度を上げるための工夫として、復職可能との診断書が提出されたら、職場にて一定期間（通常数週間から１か月以内）試し勤務を行い、職務に近い作業や課題を行ってもらい、職場での様子や出社率、課題など成果物の内容、試し勤務後の健康状態の変化などから業務遂行能力の回復の程度を予測して評価し、かつ復職準備チェックシートなどの客観的な情報も用いて復職可否を総合的に判定することは極めて有益です。

試し勤務の実施にあたり、職場に本人を十分に支援するマンパワーや時間的余裕がないなどの理由から、従前と同じ職場にて従前と同じ業務を行うことが困難であるケースが多いです。そのため業務遂行能力を正確に評価するのは困難ですが、復職後を想定した訓練を行うことは可能です。通常、試し勤務では実際の通勤の時間帯に公共交通機関を使って通勤し、会社が用意した職場環境で一定時間過ごし、関係者とコミュニケーションをとりながら課題に取り組みます。この実施は労働者本人には心身に一定の強い負荷がかかり、かつ認知機能を必要とします。よって、産業医による復職判断の際、試し勤務の実施結果は非常に重要な情報になります。試し勤務中に復職準備チェックシートから得られる情報も、非常に有益です。

もし試し勤務をスケジュールどおり行うことができず、体調不良を理由に遅刻したり休んだり、課題がきちんと提出できなかったりする場合は、復職する準備が十分でないと判断するのが妥当と考えます。

(6)　産業医がいない事業場における対応

本ケースのように産業医や衛生管理者の選任義務のない50人未満の小規模事業所の場合は、産業看護職などの産業保健スタッフがいない可能性が高いことが予想されます。こうした事業所では復職面談で主治医による復職可能との診断書が提出されると、安全衛生管理の業務を兼任し復職に関する実務を担当している人事労務担当者が「医学的知識をもたない目から見ても、明らかに体調が悪そうな様子で復職できそうもない」と心配しながらも、主治医の意見に従い正式に復職と判断せざるを得ないのが実情と思われます。

前述のように、主治医の立場と役割上、また限られた診察時間の中では、復職のために必要な業務遂行能力の回復の程度を判断するのは、極めて困難です。特に役割と立場の違いから患者本人の意向を尊重するため、職場で復職可能と判断する基準と乖離が生じてしまいます。

乖離を少しでも減らすために、事前に職場から主治医宛てに業務内容、業務時間、職場環境、復職に配慮できる事項などの情報を提供し、復職に関する主治医の考えとその根拠を記入してもらうような意見書を準備するのもよいでしょう。なお、書類作成にかかる費用は原則として事業所負担とするのが無難です。また、様式については主治医の作成の負担を減らすために、自由記載ではなく選択式にするなど、工夫が必要です。

▶3-4-2　職種や業務限定特約がある場合の復職の判断基準

Q **3-4-1** のケースで、従業員が総合職ではなく、特定の職種のみに従事する者であった場合、何か違いはあるのでしょうか。

A 労働契約上、職種や業務を限定されている労働者については、当該限定された職種や業務、すなわち「休職前に担当していた直近の業務」について復職の可否を検討すれば足りるのが原則です。

● 復職させるか否かを決定する場合に必要とされる回復レベル

労働者が、（私傷病）休職から復職するか否か、又は休職期間満了時に復職できず、（就業規則の定めに従い）当然退職又は解雇となるか否かは、法的には、当該労働者が「治癒」したか否かによって決せられる問題です。

そして、この労働契約上の「治癒」とは、裁判例上、「従前の業務を通常の程度に行うことができる健康状態に復すること」をいうとされてきました（**3-4-1** 参照）。そこで、労働者を休職から復職させるか否かを決定する場合には、当該労働者が、「従前の業務」について、それを「通常の程度に行うことができる健康状態」まで回復しているか否かが問題とされることになります。

● 「従前の業務」とは

この「従前の業務」とは、当該労働者が休職前に担当していた直近の業務を指すのが原則です。よって、労働者が、休職前に担当していた直近の業務について、それを「通常の程度に行うことができる健康状態」まで回復している場合には「治癒」したものとして復職が認められ、そうでない場合にはいまだ「治癒」していないものとして復職は認められない、ということになります。

● 労働契約上、職種や業務内容を特定されていない労働者の場合は「配置される現実的可能性があると認められる他の業務」にまで拡大

しかしながら、現在では、片山組事件最高裁判決・最1小判平成10年4月9日労判736号15頁が、「職種や業務内容を特定せずに」労働契約を締結している労働者については、「現に就業を命じられた特定の業務について労務の提供が十全にはできないとしても、その能力、経験、地位、当該企業の規模、業種、当該企業における労働者の配置・異動の実情及び難易等に照らして当該労働者が配置される現実的可能性があると認められる他の業務について労務の提供をすることができ、かつ、その提供を申し出ているならば、なお、債務の本旨に従った履行の提供があると解するのが相当である。」と判示したことに基づき、労働契約上、職種や業務内容を特定されていない労働者（我が国では「正社員」とよばれる労働者の多くがこれに該当します）については、「従前の業務」の範囲を「休職前に担当していた直近の業務」のみならず、「その能力、経験、地位、当該企業の規模、業種、当該企業における労働者の配置・異動の実情及び難易等に照らして当該労働者が配置される現実的可能性があると認められる他の業務」にまで拡大しなければならないという解釈が、実務上確立しています。

よって、労働契約上、職種や業務内容を特定されていない労働者については、仮に「休職前に担当していた直近の業務」を「通常の程度に行うことができる健康状態」には回復していなくても、「その能力、経験、地位、当該企業の規模、業種、当該企業における労働者の配置・異動の実情及び難易等に照らして当該労働者が配置さ

れる現実的可能性があると認められる他の業務」を「通常の程度に行うことができる健康状態」に回復しているという場合には、当該「他の業務」への復職を認めなければなりません。

● 職種や業務内容を特定して労働契約を締結した場合には、「休職前に担当していた直近の業務」

もっとも、このような解釈は、片山組事件最高裁判決も明示しているように、「労働者が職種や業務内容を特定せずに労働契約を締結した場合」のみに妥当します。

同判決が上記のような判断を示したのは、「労働者が職種や業務内容を特定せずに労働契約を締結した場合」には、使用者に労働者に対する配転命令権があり、労働者が休職を命じられた時点でどのような業務を担当しているかはいわば偶然の事情によるものであるにもかかわらず、「その能力、経験、地位等にかかわりなく、現に就業を命じられている業務によって、労務の提供が債務の本旨に従ったものになるか否か」、―休職からの復職の場面でいえば、労働者が「治癒」したか否か―、が決せられるのは不合理（不公平）である、という考慮があるからです。

これに対して、労働者が職種や業務内容を特定して労働契約を締結した場合には、使用者には労働者に対する配転命令権はなく、上記のような不合理（不公平）は発生しません。そのため、「従前の業務」の範囲を「休職前に担当していた直近の業務」のみならず、「その能力、経験、地位、当該企業の規模、業種、当該企業における労働者の配置・異動の実情及び難易等に照らして当該労働者が配置される現実的可能性があると認められる他の業務」にまで拡大する必要はないのです。

よって、労働者が職種や業務内容を特定して労働契約を締結した場合には、原則どおり、「従前の業務」とは、「休職前に担当していた直近の業務」であると考えれば足り、これを通常の程度に行うことができる健康状態」まで回復しているか否かにより、当該労働者が「治癒」しているか否かが決せられることになります。

● 本人の特性を考慮した積極的な配置転換が奏功するケースもある

もっとも、自閉症スペクトラム障害、ADHDといった発達障害の傾向が疑われ、職場不適応を起こし精神症状が出現しているような労働者の場合、本人の特性を考慮して積極的に配置転換することにより、精神症状が改善し、配転先の職場にうまく復職できる可能性があります。

よって、特に一定以上の規模の会社において、そのような労働者につき、当該労働者を復職させるメリットが大きいと判断する場合には、仮に職種や業務内容が特定されていたとしても、「休職前に担当していた直近の業務」とは別の業務への復職を検討する価値があると考えます。

▶3-4-3　主治医の診断書が提出された場合の対応

Q　従業員が次のような診断書が提出して復職を求めてきました。当社は、どのように対応すべきでしょうか。配置転換をしたうえで復職を認めないといけないのでしょうか。

A　会社は、必ずしも診断書の内容をそのまま受け入れる必要はありません。職場復帰の判断に必要な情報を取得できるよう、診断書の書式を用意しておき、その内容に沿って主治医に記載を求めるなどして、情報収集に努めるべきでしょう。

図表 11　診断書のフォーマット例

診　断　書

氏名　　山田　太郎　　様

生年月日　　　19○○年　○日　　○○生（　○○歳）

診断名　　　適応障害

附記

上記にて当院通院中である。経過良好にて、令和●年●月●日より
職場復帰可能である。ただし、職場復帰時には配置転換を行うことが
必要と考える。

上記のとおり診断いたします。

令和　●年　●月　　●日

所在地
医療機関名　　○○クリニック心療内科
医師　　山田　花子

復職可能であることを示した診断書には、短時間勤務や職場異動といった措置を講じることが主治医の意見として記載されている場合があります。会社としてはその意見にどこまで従う必要があるのでしょうか。

● メンタルヘルス不調の発生要因により異なる

例えば、職場復帰に際して上記診断書が出された場合、どのように対応するとよいのでしょうか。また、配置転換をすべきかどうか検討する必要は、どこまであるのでしょうか。

この必要は、メンタルヘルス不調の発生に、①職場の要因が非常に強い場合（セクハラ、パワハラ、過重労働）と、②職場の要因というよりは個人の要因が強い場合とで、その文脈が大きく異なってきます。

例えば、精神疾患の労働災害に該当する可能性があるような状況下におけるメンタルヘルス不調の発生であれば、企業の安全配慮上の観点なども踏まえて考えると、配置転換も必要となる可能性は高いと思われます。一方で、慣れない業務のために適応できない場合や、何度も配置転換を経験しても適応できない場合は、新たな職場に移動させることが、本質的な解決に結びつかない場合もあります。その場合、同じ職場内で本人の苦手なことに適応できるような支援を行い、自己成長を促すこともひとつの解決策と考えられます。

● 会社が必要と考える条件を適切に言語化し、休職者とも共有しておく

では、診断書の内容に左右されることなく会社がきちんと職場復帰を判断できるようになるには、どうしていく必要があるでしょうか。職場復帰の可否は診断書が決めるわけではなく、最終的に判断する主体は会社です。まずは、「会社にとって」職場復帰をして働くことは、どのような条件を満たしていればよいのかを適切に言語化しておく必要があるでしょう。

そのうえで、主治医に復職可能性を示した診断書を求める際には、主治医にその内容を一任するのではなく、会社として職場復帰に必要な情報を取得できるような診断書の書式を用意しておくと、会社や休職者の双方にとって生産的なものになるでしょう。

以下に職場復帰に際しての診療情報提供書（**図表12**）を例示します。そして、その条件を会社の一方的な考えではなく、休職者とも共有し、職場復帰後に期待される役割を明確にしておくことが重要と考えます。

図表12　診断書兼診療情報提供書のフォーマット例

診断書　兼　診療情報提供書
（治療状況・就業継続可否等について）

社員氏名		生年月日	年　月　日 （　　歳）
疾病名			
治療経過			
現在の状態	（通勤や業務遂行に影響を及ぼし得る症状や薬の副作用）		
治療の予定	（入院治療・通院治療の必要性、今後のスケジュール（半年間、月１回の通院が必要、等））		
今後の就業継続の可否	□可　（当社の職場復帰の基準を満たす） □現時点で不可　（療養の継続が望ましい） 【休業とすべき期日：　年　月　日まで】		
職場復帰の基準（右記①～⑦を満たせない場合、又は過度な就業上の配慮が必要な場合、復帰が不可となることがある）	1．該当する□にチェックおよび○をつけてください ①労働者が十分な意欲を示している □　あり　□　なし ②通勤時間帯に１人で安全に通勤ができる □　安全　□　家族の支援が必要　□困難 ③決まった勤労日、時間に就労が継続して可能である □　可能　□　時に困難　□判断できず ④業務に必要な作業ができる □　可能　□　時に困難　□判断できず ⑤作業による疲労が翌日までに十分回復する □　可能　□　時に困難　□判断できず ⑥適切な睡眠覚醒リズムが整っている、昼間に眠気なし □　問題なし　□　問題あり ⑦業務遂行に必要な注意力・集中力が回復している □　可能　□　時に困難　□判断できず 2．特別な就業上の配慮が必要な場合は、医学的に必要と思われる制限とその理由をご記入ください		

上記のとおり、就業継続／職場復帰の可否等に関する意見を提出します
令和　年　月　日　（医療機関の所在地及び名称）

（主治医署名）＿＿＿＿＿＿＿＿＿＿＿＿＿＿＿＿

上記内容を確認しました
令和　年　月　日　（本人署名）

（注）この様式は、患者が病状を悪化させることなく治療と就労を両立できるよう、職場での対応を検討するために使用するものです。この書類は、患者本人から会社に提供され、プライバシーに十分配慮して管理されます。

▶3-4-4　「程なく治癒する見込み」との主治医の診断書が提出された場合の対応（エール・フランス事件、独立行政法人Ｎ事件）

Q　休職中の従業員が、休職期間満了日の直前に「現在はまだ就労できる状態ではないが、２か月後には就労可能な状態となる見込みである。」との記載のある主治医の診断書を提出してきました。当社の就業規則の定めに従い、この従業員を休職期間満了による自然退職と取り扱ってよいでしょうか。

A　主治医との面談や産業医からの意見聴取等を行い、当該従業員が「当初は軽易な職務に就かせれば、程なく従前の業務を通常に行うことができると予測できる」か否かを慎重に判断すべきです。

● 原則は休職期間満了時に退職または解雇

休職期間満了時に従業員が「治癒」の状態まで回復していない場合には、就業規則の定めに従い、当然退職又は解雇となるのが原則です。

しかし現在では、この点に関しては裁判例により１つの例外が設定されています。そのリーディング・ケースとなったのが、独立行政法人Ｎ事件（東京地判平成16年３月26日労判876号56頁）です。

● 独立行政法人Ｎ事件（東京地判平成16年３月26日労判876号56頁）

この裁判例は、神経症という診断を受けた原告が、２年６か月の休職期間の満了により解雇されたことを不服として争ったという事案に関するものですが、裁判所は次のように判示しました。

「治癒があったといえるためには、原則として、従前の業務を通常の程度に行える健康状態に回復したことを要するというべきであるが、そうでないとしても、当該従業員の職種に限定がなく、他の軽易な職務であれば従事することができ、当該軽易な職務に配置転換することが現実的に可能であったり、当初は軽易な職務に就かせれば、程なく従前の業務を通常に行うことができると予測できるといった場合には、復職を認めるのが相当である」。

しかしながら、裁判所は、そのうえで、「C見解(注8)によれば、原告が当初担当すべき業務量は、従前の半分程度であり、その期間として半年程度を要するというのであるが、半年という期間は、いかにも長く、半分程度の業務量ということからすれば、原告の休職が2年6か月と長期間に及んでいることを考慮したとしても、実質（ママ）な休職期間の延長というべき内容であって、しかも、半年後には十分に職務を行えるとの保障もなく…、当初軽易な職務に就かせれば程なく従前の職務を通常に行うことができると予測できる場合とは解されない。」として、結論としては原告の請求を棄却しました。

（注8）原告の主治医の見解

● 実務上は「治癒」には至っていない状態であっても、復職を認めざるを得ない場合もある

この独立行政法人N事件判決以降、同様の判示をする裁判例が相次ぎ、現在では、休職期間満了時に「治癒」の状態には至っていなくても、「当初は軽易な職務に就かせれば、程なく従前の業務を通常に行うことができると予測できる」場合には、復職を認めるべきであるという考え方は、（賛否は別としても）比較的広く共有されているものと考えられます。

よって、実務上は、休職期間満了時に従業員が従前の業務を「通常の程度に」行うことができない、すなわち「治癒」には至っていない状態であっても、「当初は軽易な業務に就かせれば、程なく従

前の業務を通常に行うことが予測できる」状態まで回復しているとの主治医の診断を覆す医学的材料（専門医の判断）がない場合には、会社は、当該従業員の復職を認めざるを得ない場合もあります。

● 軽易な業務に就かせることなく復職を認めざるを得ない場合もあると考えられる

もっとも、身体疾患の事案であればともかく、精神疾患の事案において、そもそも休職期間満了時点において、「程なく従前の業務を通常に行うことができると予測できる場合」が客観的にあり得るのかについては、疑問があります。

なお、上記裁判例の傾向のもとであると評されているエール・フランス事件（東京地判昭和59年1月27日労判423号23頁）は、身体疾患（結核性髄膜炎）の事案でした。しかもこの事件では、裁判所は、原告の従業員について休職前の2種類の業務（コーディネーター及びドキュメンティスト）のうち、復職時点で後者（ドキュメンティスト）を行うことは可能であると認定しており、独立行政法人N事件判決のように、「当初は軽易な職務に就かせ（る）」ことを要求したものではありませんでした。

その意味では、上記裁判例の傾向を根拠に、特に精神疾患の場合について、安易に「軽易な業務に就かせるべき（就かせれば足りる）」とすることは疑問であると考えます。

▶3-4-5　休職事由消滅の立証責任は誰にあるか

Q　うつ状態との診断名で休職していた従業員が、休職期間満了日の１か月前に「復職可と判断する。」との記載がある主治医の診断書を提出してきました。しかし、当社の産業医にも診断してもらったところ、主治医とは逆に「復職不可と判断する。」とのことでした。

このように、主治医の判断と産業医の判断が食い違う場合、当社は、この従業員を休職期間満了による自然退職として取り扱ってよいでしょうか。

A　休職事由の消滅原因（「治癒」）の証明（立証）責任は従業員側にあるとされていることを踏まえて、産業医の判断に一定の合理性があると思われる場合には、「治癒」の証明なしとして、この社員を休職期間満了による自然退職として取り扱ってよいと考えます。

しかし、主治医の判断と産業医の判断のいずれの信用性が勝るか（いずれの判断により説得力があるか）は慎重に判断すべきです。

●「治癒」の立証責任はどちらが負うか

私傷病休職制度においては、休職期間満了時までに、従業員が「治癒」の状態まで回復すれば復職し、「治癒」の状態まで回復していない場合には、就業規則の定めに従い、自然退職又は解雇となるとされているのが通常です。このように、通常の私傷病休職制度においては、「治癒」が休職事由の消滅原因とされています。

それでは、このような「治癒」は、従業員側と使用者側のどちらがこれを証明（立証）しなければならないのでしょうか。つまり、休職者（従業員）は、復職するためには休職期間満了前に「治癒」したことを自分で証明（立証）しなければならないのでしょうか。

それとも、会社（使用者）が休職者（従業員）が休職期間満了時に「治癒」していないことを証明（立証）しない限り、休職者は復職できるのでしょうか。

● 休職者が職期間満了前に「治癒」したことを立証できなかった場合

この点については、前述のとおり（**2-2-3** 参照）、私傷病休職は、労働者保護の観点から、一定期間解雇を猶予するという解雇猶予のための制度ですから、休職事由の消滅原因としての「治癒」とは、従業員の債務不履行の消滅という解雇の解除条件であるととらえることが自然です。

また、従業員の健康状態に関する資料は、（使用者側よりも）従業員自身が多く保有していることが通常です。

そこで、裁判例においては、「治癒」の証明（立証）責任は従業員側にあるとされることが一般的です（明確に判示したものとして、伊藤忠商事事件・東京地判平成25年1月31日労経速2185号3頁等。裁判官が執筆した書籍として、『類型別 労働関係訴訟の実務〔改訂版〕Ⅱ』482頁（青林書院、2021）、『最新裁判実務大系第8巻労働関係訴訟Ⅱ』808頁（青林書院、2018）等多数）。

よって、休職者（従業員）は、復職するためには、職期間満了前に「治癒」したことを自分で証明（立証）しなければなりません。また、休職者（従業員）が休職期間満了前に「治癒」したことを証明（立証）できなかった場合（真偽不明の場合も含みます）、復職は認められず、その結果、休職期間満了による自然退職又は解雇として取り扱うことが許されます。

● 主治医の診断と産業医の診断が食い違っている場合

本ケースにおいては、「復職可」との主治医の診断と「復職不可」との産業医の診断が、食い違っています。仮にこの2つの医学的判断の信用性（説得力）が同じであると仮定すると、いわば差引きゼロとなるため、休職事由の消滅原因である「治癒」が証明（立証）されたとは評価できません。よって、この場合には休職者（従業員）の復職は認められず、休職期間による自然退職と取り扱うことが許されるということになります。

● 会社は産業医に信用性（説得力）のある医学的判断をしてもらえるだけの材料を提供するための努力をすることが必要不可欠

もっとも、上記の「復職可」との主治医の診断と「復職不可」との産業医の診断の信用性（説得力）が同じであるというのはあくまで仮定の話であって、現実にはそう単純に割り切ることはできません。

よって、会社としては、「復職可」との主治医の診断の内実（どのような理由で「復職可」と判断したのか）が診断書の記載だけからは不明な場合には、休職者（従業員）の同意を得て、主治医と面談する、主治医から診療情報を提供してもらう等の方法により、それを確認し、「復職可」との主治医の診断の信用性（説得力）を慎重に判断しなければなりません。

また、「復職不可」との産業医の診断についても、その内実について産業医の話を聞き、その信用性（説得力）が「復職可」との主治医の診断のそれに勝るかを慎重に判断しなければなりません。なお、産業医に信用性（説得力）のある医学的判断をしてもらうためには、休職期間の満了間際になってから慌てて産業医に判断を求めるのでは間に合いません。会社として、休職期間中から定期的に休職者に産業医との面談を受けさせる、又は試し勤務を行う等の方法により、産業医に信用性（説得力）のある医学的判断をしてもらえるだけの材料を提供するための努力をすることが必要不可欠です。

▶3-4-6　障害者雇用促進法における合理的配慮義務と復職可否の判断

3-4-6-1　精神疾患により休職する従業員は合理的配慮の対象となる「障害者」に当たるか

障害者雇用促進法は、平成25年改正により、事業主に障害者に対する不当な差別的取扱いを禁止するとともに（同法34条、35条)、合理的配慮の提供義務を定めました（同法36条の2、36条の3)。

この合理的配慮の対象となる「障害者」とは、「身体障害、知的障害、精神障害（発達障害を含む…）その他の心身の機能の障害…があるため、長期にわたり、職業生活に相当の制限を受け、又は職業生活を営むことが著しく困難な者をいう。」とされており、①心身の機能障害が存在し、②上記①を原因として、長期にわたる職業生活上の相当の制限又は職業生活の著しい困難さが生じている者を指すとされています。

上記①の要件は、心身機能・構造上の損傷に関する医学的な判断の問題であるため、医師の診断書・意見書によります。

また、上記②の要件については、内容が抽象的であるため、障害者手帳の有無により判断する実務上の傾向がありましたが、障害者雇用促進法２条１号の規定は、必ずしも障害者手帳の所持者に限定されている訳ではありませんので、職務遂行能力に関する医師の診断により、障害者手帳を所持しない者に上記②の制限等が認められ、要件を充足することはあり得ます。

そして、精神疾患を発症したとして相当期間を休職している従業員は、上記①及び②を充足する場合が多いと考えられますので、使用者は、精神疾患により休職していた従業員の復職にあたっては、合理的配慮が求められる可能性が否定できないと考えられます。

3-4-6-2 精神疾患により休職していた従業員が復職するにあたり使用者に求められる合理的配慮の提供義務

● 復職の判断基準

この点については、**3-4-1** にて詳述していますが、休職期間満了時に復職できず当然退職又は解雇となるか否かは、当該従業員が「治癒」したか否か、つまり「従前の業務を通常の程度に行うことができる健康状態に回復した」か否かにより判断されます。

そして、この「従前の業務」とは、当該従業員が休職前に担当していた直近の業務を指すのが原則ですが、前掲片山組事件判決（**3-4-2** 参照）では、「職種や業務内容を特定せずに」労働契約を締結している従業員、つまり多くの場合「正社員」については、この「従前の業務」を「休職前に担当していた直近の業務」のみならず、「その能力、経験、地位、当該企業の規模、業種、当該企業における従業員の配置・異動の実情及び難易等に照らして当該労働者が配置される現実的可能性があると認められる他の業務」に拡張して判断する解釈が確立しています。

● 復職段階での合理的配慮の提供義務と試し勤務

それでは、このような復職に関する一般的な考え方は、合理的配慮の提供義務が考慮されることで、どのように変容するでしょうか。

厚生労働省は、合理的配慮の手続き及び内容等に関し、障害者雇用促進法 36 条の 5 第 1 項に基づき、「雇用の分野における障害者と障害者でない者との均等な機会若しくは待遇の確保又は障害者である労働者の有する能力の有効な発揮の支障となっている事情を改善するために事業主が講ずべき措置に関する指針」（平成 27 年厚生労働省告示第 117 号。以下、本項中「指針」といいます）を定めています。

指針では、採用後の合理的配慮の手続きに関し、事業主が、①障害者であることを把握した際に、当該障害者に対し、職場において支障となっている事情の有無を確認すること、②支障となっている事情を確認した場合に、合理的配慮としてどのような措置を講ずるかについて当該障害者と話し合いを行うこと、③上記②の話し合いの結果を踏まえ、事業主は具体的にどのような措置を講じるかを検討し、講じる措置の内容等を当該障害者に伝えること等の各段階が想定されています。

そして、合理的配慮の内容について、指針は、精神障害者の採用後の場合について、「出退勤時刻・休暇・休憩に関し、通院・体調に配慮すること」などの措置を記載していますが、「個々の障害者である労働者の障害…の状態や職場の状況に応じて提供されるものであり、多様性があり、かつ、個別性が高い」として、示された措置はあくまで例示であるとしています。

このように、障害者の障害特性やその意向等は様々であり、合理的配慮の内容も個別性が高いことを考慮すると、障害者雇用促進法及び指針は、事業主に一定の措置を義務づけているという理解は、必ずしも実態に合致しないように思われます。指針は、事業者が障害者と適切に話し合い、障害者の意向を踏まえつつ措置を検討し、過重な負担にならない限度で当該障害者に提案して合意形成を試みる、という一連のプロセスを重視しているように思われ、いわば手続規制として機能していると考えられます。

それゆえ、使用者が、休職期間満了に先立ち、単に診断書の提出を求めてその内容のみで復職の可否を判断することは、手続きとして必ずしも十分とはいえません。

例えば、アスペルガー症候群の教員が問題ある言動を行ったことを理由に大学が普通解雇をした事案で、「解雇事由の判断を審査したり、原告に必要な配慮に関して、最も的確な知識を有すると思われる原告の主治医に問合せを行ったりしたことはなく」「解雇以外に雇用を継続するための努力、例えば、アスペルガー症候群の労働者に適すると一般的に指摘されているジョブコーチ等の支援を含め、障害者に関連する法令の理念に沿うような具体的方策を検討した形跡すらな」いとして、大学の普通解雇を無効とした事案があります（O公立大学法人〔O大学・准教授〕事件・京都地判平成28年3月29日労判1146号65頁）。

したがって、使用者は、休職者本人に復職に関する意向を確認するとともに、休職者が復職を希望する場合には、職務遂行能力の回復状況を十分に把握検討し、復職の可否について丁寧に検討することが重要であり、その一環として試し勤務を試み、その結果に応じた対応をとることは、合理的配慮の提供義務を尽くすうえで重要な要素と評価されるものと考えます。

● 合理的配慮の提供義務として労働契約の内容の変更まで求められるか

このように、復職の可否の判断にあたり、一定の手続き的な配慮が求められることを超えて、使用者は、契約内容の変更まで積極的に提案すべき義務を負担するでしょうか。例えば、対人折衝に対応することができず正社員への復職が困難な事案で、補助的作業を担当することは可能である場合、そのような補助的業務を担当する契約社員等での復職を提案すべき義務があるのでしょうか。

前述した復職の判断枠組みを前提にすれば、あくまで正社員としての現実的配置可能性の枠内で他の業務を検討すれば足り、そのような契約内容を変更するような提案をすべき義務はないのが原則です。

これに対し、指針は、「採用後に講ずる合理的配慮は職務の円滑な遂行に必要な措置であることから、例えば、次に掲げる措置が合理的配慮として事業主に求められるものではない」として、「中途障害により、配慮をしても重要な職務遂行に支障を来すことが合理的配慮の手続の過程において判断される場合に、当該職務の遂行を継続させること。」としていますが、「ただし、当該職務の遂行を継続させることができない場合には、別の職務に就かせることなど、個々の職場の状況に応じた他の合理的配慮を検討することが必要であること。」と記載しており、この「別の職務」に関する記載を根拠に、労働契約の内容を超えて契約内容の変更を打診するべき義務がある、とする見解もあります（長谷川珠子『発達障害者に対する「合理的配慮」と退職扱いの有効性－日本電気事件－』（ジュリスト1503号119頁）。

たしかに、非正規社員の人員に空きがあるときやいわゆる障害者枠での雇用を募集している場合等においては、そのような契約社員等の雇用形態を提案して話し合いを行うこと（当然のことながら、給与等の処遇も変更されることになります）は、合理的配慮の提供として、望ましいものと考えます。

しかし、そのような人員の空きがないにもかかわらず、常に契約内容を超えた（現実的配置可能性のない）補助的業務を打診すべき義務を負うと解するのは、使用者に余剰人員を抱えることを義務づけるに等しく、行き過ぎだと考えます。指針を見ても、「別の職務に就かせること」は、「個々の職場の状況に応じた他の合理的配慮を検討すること」の一つの例に過ぎません。

したがって、使用者は、そのような他の軽易な職務について検討すること自体は求められますが、必ず提案すべき義務を負うものではないと考えます。

この点に関し、日本電気事件・東京地判平成27年7月29日労判1124号5頁も「平成28年4月1日から施行される改正障害者雇用促進法の合理的配慮の提供義務についても、当事者を規律する労働契約の内容を逸脱する過度な負担を伴う配慮の提供義務を事業主に課するものではない」としています。

第4章

試し勤務・通勤訓練編

4-1 試し勤務、通勤訓練とは

試し勤務と通勤訓練は、私傷病により休職した従業員の復職前の回復の程度を客観的に確認するために有効な制度です。試し勤務は、通勤訓練を包括する制度であり、復職前の回復の程度を判断するには、試し勤務を優先することで、十分な情報が得られます。一方で、通勤訓練は、試し勤務に比べて導入しやすい制度であり、試し勤務の運用が難しい場合、通勤訓練を導入することで一部の回復の程度を評価することができます。

本章では、試し勤務と通勤訓練のモデル規定及び社内における実施のポイントと留意点を解説します。

4-2 試し勤務制度に関するモデル規定と解説

▶4-2-1　目　的

（目的）
第１条　本制度は、休職者等が復職又は勤務復帰を希望する場合において、試験的・段階的な勤務を経ることで本人の円滑な職場復帰の実現を目指すとともに、当該休職又は欠勤の要因となった私傷病が治癒し、休職又は欠勤以前の通常の労務提供を遂行できる状態まで回復したことを客観的に確認することで、使用者及び産業医等における適正な復職判定の一助とすることを目的とする。

本条は、試し勤務実施規程の目的を定めるものです。

休職又は欠勤が長引いている従業員が復職又は勤務復帰をする場合、即日フルタイムでの就労は本人の不安や負担が大きいことから、段階的な勤務を経ることで、不安の解消及び体力等の回復を図り円滑な職場復帰を実現させることが、試し勤務の１つの目的です。

また、主治医の「職場復帰可能」との診断書があるとはいえ、復職又は勤務復帰を希望する従業員が、常に休職等以前と同様に通常の労務提供をできるとは限りません。そこで、通常の労務提供ができる状態まで回復したか否かを客観的に確認するために、試験的な勤務を経ることで、産業医等、ひいては使用者が適正な復職判定ができるようにすることも、試し勤務のもう１つの目的としています。

▶4-2-2　対象者等

（対象者ないし制度適用）

第２条　本制度の対象者は、同一ないし類似した種類の私傷病によって連続した１か月以上の休職又は欠勤をした従業員（休職者等）とし、会社が復職判定に必要と認めた場合に適用する。ただし、病状及び本人の状況により、産業医等が特に必要と認めた場合には、欠勤の日数にかかわらず対象とすることがある。

２　試し勤務が必要とされた場合、当該対象者は特段の事由がない限り、これを拒むことはできない。試し勤務を完遂できない場合、当該事情は復職可否の判断における１つの要素として考慮される。

本条は、試し勤務制度の対象者の範囲等を定めるものです。

１項では、精神疾患の場合には、「うつ病」、「うつ状態」、「抑うつ状態」、「適応障害」、「不安障害」、「パニック障害」、「自律神経失調症」等、様々な病名が診断書に記載されることが多いこと、主治医が変わった場合には診断書の病名も変わることがあることなどに鑑み、「同一ないし類似した」と定めています。

２項では、使用者が試し勤務が必要と判断し、対象者がその試し勤務に従事することを拒んだ場合、勤務命令の拒否となり一般的な懲戒事由に該当し得るところですが、その拒否が本人の自由な選択の中での拒否か、病気を原因とするやむを得ないものかを判断するのは難しく、試し勤務を完遂できないという事情について、復職可否の判断において１つの要素として考慮することにとどめていることにポイントがあります。

▶4-2-3　適用期間

（適用期間）

第3条　本制度の適用は、原則として1か月以内の必要と認める期間とする。ただし、本制度の目的及び試し勤務の実施状況から必要と認められる場合は、1か月を上限として期間を延長することができる。

2　本制度の適用により、休職期間又は欠勤期間は中断しない。

本条は、試し勤務制度の適用期間を定めるものです。

1項では、試し勤務の期間として原則1か月以内と設計しています。これは、試し勤務は就業能力の回復を判断する目的で実施しており、段階的に勤務時間を増やす中で、その時間勤務を続ける体力や集中力が回復しているかどうかを見定める必要があります。よって、いたずらに適用期間を延長することは制度の趣旨から外れていると考えられることによります。

2項では、試し勤務が休職期間中ないし欠勤期間中に実施される制度設計としていることから、試し勤務による就労の事実があったとしても、通常の労務提供がなされるものではないので、休職期間又は欠勤期間が中断しないことを明確化しています。

▶4-2-4　試し勤務の計画

（試し勤務の計画）

第4条　試し勤務は、原則として復帰する職場で実施するものとし、当該勤務計画は当該従業員の休職期間、職種、担当業務、職場の状況等を総合的に勘案して人事部長が決定する。

2　試し勤務の計画の基本パターンは、次のとおりとする。

第１週　４時間（半日）程度の勤務
第２週　６時間程度の勤務
第３週　８時間の勤務

本条は、試し勤務の実施場所や計画等について定めるものです。

１項では、試し勤務は復帰する職場で実施することを原則とし、勤務計画は当該従業員の休職期間、職種、担当業務、職場の状況等を総合的に勘案して、人事を統括する権限を持つ者（例えば人事部長）が決定するものとしています。

２項では、試し勤務の計画の基本パターンを例示しています。第１週目では４時間（半日）程度の勤務から開始することとしていますが、この時間未満しか就労できないのであれば、それはそもそも職場復帰可能な状態に至っていないと考えられることによります。

▶4-2-5　試し勤務時の待遇（指揮命令を受ける場合）

（試し勤務時の待遇）
第５条　試し勤務期間における待遇は、次のとおりとする。
①　給与
勤務時間６時間未満●●円（※最低賃金額以上で定める）
勤務時間６時間以上●●円（※最低賃金額以上で定める）
勤務時間８時間　　●●円（※最低賃金額以上で定める）
②　通勤手当
試し勤務時にかかる通勤の費用は、給与規定第●条に従い、実費を支給する。
③　賞与
試し勤務の期間は、賞与の出勤率の算定にあたっては、欠勤日数に算入する。
２　勤務時及び通勤時の被災については、労災保険による補償を受け得る。

本条は、試し勤務時の休職者の待遇、特に賃金（1項）および労災補償（2項）について定めるものです。

1項では、試し勤務における「勤務」は、本来従業員が提供すべき、労働契約における「債務の本旨に従った労働義務の履行の提供」とは評価できないものであるため、使用者はこれに対する賃金支払義務を負わないのが原則です。しかし、**4-2-7**の7条の解説で述べるとおり、試し勤務においても、使用者が従業員に対して指揮命令を行う場合には、いわゆる使用従属関係が成立していると評価され、最低賃金法の適用を受けるものと解されるため、給与を支払うものとし、その額を最低賃金額以上としています。

なお、休職中は無給とする場合には、誤解を避けるため、試し勤務中の賃金は別扱いとする旨の規定を置くことが望ましいと考えます。**2-3-5**の欠勤・休職に関するモデル規程25条1項但書（54ページ）はそのような趣旨です。

また、試し勤務の場合も、通常の従業員と同様に職場に通勤しなければならないため、通勤手当として実費を支給しています。

賞与については、上記のとおり、試し勤務における「勤務」が「債務の本旨に従った労働義務の履行の提供」とは評価できないものであるため、出勤率の算定にあたって欠勤扱いとするものとしています。

2項では、試し勤務においても、使用者と従業員の間にいわゆる使用従属関係が成立していると評価される場合には、試し勤務中の休職者も、労災保険法7条1項1号の「労働者」に該当し、労災補償の対象となると考えられるため、注意的にその旨を定めたものです。

▶4-2-6　実施に関する手続き

（試し勤務の実施手続）

第６条　休職者等が復職を希望する場合、復職予定（希望）日の１か月前までに、復職可能とする主治医の診断書（復職診断書）を所属長に提出するものとする。この場合、休職者等は、会社の主治医に対する職場復帰に関する情報提供の依頼が実現するように協力しなければならない。

２　所属長は、前項により提出された復職診断書等を人事部長に提出する。

３　人事部長は、当該従業員の試し勤務の実施について、産業医等の意見を聞くものとする。

４　産業医等は人事部長の要請に基づき当該従業員と面談を行い、試し勤務の実施に関する意見書（就業配慮報告書）を、人事部長に提出する。

５　人事部長は、産業医の意見書に基づき、試し勤務の内容を所属長及び当該従業員に対して通知する。

本条は、試し勤務の実施手続について定めたものです。

１項では、使用者がある程度時間の余裕を持って復職判定を行うことができるよう、休職者に対し、復職予定（希望）日の１か月前までに復職診断書を提出するよう義務づけるものです。その際、復職診断書がスムーズに提出され、職場復帰の判断に必要な情報が使用者に十分に提供されるようにすべく、休職者に対し、会社からの主治医に対する情報提供の依頼が実現するように協力する義務を課しています。

４項では、産業医等が休職者と面談を行い、試し勤務が実施可能なのかどうかを判断し、実施可能な場合は試し勤務の具体的な計画について意見書を作成します。また、休職者の睡眠覚醒リズムや通勤が不安定で、産業医が当該従業員の体調の回復が不十分と判断した場合は、試し勤務は実施不可である旨を記載した意見書を作成します。

▶4-2-7　試し勤務の内容

> **（試し勤務の内容）**
>
> **第7条**　所属長は、必要に応じて本人及び産業医等の意見を考慮して、第10条に定める復職判断に資するよう、試し勤務における業務内容を定めるものとする。
>
> **2**　試し勤務における業務は、その職務遂行に関して会社が指揮命令を行い、当該業務遂行の結果について評価を行う。

本条は、試し勤務における「勤務」の内容について定めるものです。

1項では、所属長に対し、試し勤務においても業務を行わせること、その業務内容は10条の復職判断に資するものでなければならないことを定めています。一般には、休職前に従事していた業務を基準として、その一部分や負担を軽減化したものを試し勤務中の業務とすることが多いものと思われます。

2項では、試し勤務における業務についても、使用者が、その遂行に関して指揮命令を行い、結果について評価を行うことを定めています。このような場合、使用者と従業員の間にいわゆる使用従属関係が成立していると評価され、試し勤務にも労働関係法令が適用されることになるため、5条の解説で述べたとおり、試し勤務中の賃金には最低賃金法が、また、試し勤務中の事故には労災保険法が、それぞれ適用されることになります。

▶4-2-8　試し勤務の実施状況把握等

（試し勤務の状況把握及び報告）

第８条　産業医等は、試し勤務の期間中において、当該従業員及び所属長から適宜報告等を受け、状況把握に努めるものとする。

２　当該従業員は、試し勤務の実施内容について、日々所属長に報告するものとする。

３　休職者等は、自らの判断により所属長に申し出て、試し勤務を中断、遅刻、早退することができる。ただし、当該事情は復職判定における判断要素の１つとして考慮され得る。

本条は、試し勤務の状況把握について定めたものです。

産業医等は常勤で勤務していない場合がほとんどであり、常時当該従業員の勤務状況を把握するのは困難だと思われます。したがって、遅刻や早退、欠勤など勤怠が乱れた場合には、当該従業員及び所属長より報告を受けるのが望ましいといえ、１項はそうした前提を踏まえて報告による状況把握を規定しています。

試し勤務期間中は「業務時間」、「業務内容」ともに配慮がなされており、当該従業員は所属長の指揮命令下で指定された業務を遂行していくケースがほとんどです。試し勤務期間中、当該従業員と所属長は定期的に面談等を行い、こうした配慮のもとで問題なく業務を遂行できているかを双方で確認していく必要があります。２項では、確認のための報告を行うよう規定しています。

▶4-2-9　中　　止

（試し勤務の中止）

第9条　会社は、当該従業員が次の各号のいずれかに該当する場合、試し勤務を中止することができる。

①　本人の心身の状況が試し勤務にたえられないと認められるとき

②　本人の心身の状況が試し勤務を必要としないと認められるとき

③　その他会社業務に支障を生じるなど、試し勤務を継続することが適当でないと認められるとき

2　試し勤務を中止する場合、人事部長、所属長及び産業医等で協議し、人事部長が本人に対し試し勤務を中止する旨の通知を行う。

本条は、試し勤務を中止する場合について定めたものです。

1項では、試し勤務にたえられない場合（1号）や、試し勤務を継続するまでもなく復職が可能と判断される場合（2号）の中止を定めています。

また、試し勤務においては、復職判定のための不完全な労務の提供しかできず、場合によっては積極的に周囲への悪影響を及ぼす可能性のある従業員（特に精神疾患の場合）を職場に抱え込むことになるため、周囲の同僚、上司の負担やストレスが大きくなることが容易に想定されます。それが限度を超えた場合には、試し勤務自体を中止せざるを得ないこともあるため、3号を定めています。

試し勤務の中止は、多くの場合復職に向けた手続きが中止され、従業員に不利益が生じることを意味するため、2項では、慎重を期するべく、医師である産業医を含めてその決定を行うことを手続きとして定めています。

▶4-2-10　復職判断

（復職判断）
第10条　復職判断の実施手続は、次のとおりとする。
① 試し勤務期間の最終週に、当該従業員と産業医等による面談を実施する。
② 産業医等は、面談結果に基づいて復職に関する意見書を作成し、人事部長に提出する。
③ 人事部長は、産業医等の意見書をもとに復職の可否、復職日、就労にあたり配慮すべき事項について総合的に判断を行い、所属長及び当該従業員に対し通知する。

2　前項における復職判定は、勤怠、健康状態、職務遂行能力等の項目を総合的に勘案して行う。

本条は、試し勤務を経たうえでの復職の実施手続について定めたものです。

1項では、復職の判断においては、産業医等の意見を勘案して、最終的には人事部長が復職の可否を判断すると定めています。

2項では、産業医等が、試し勤務期間中の勤怠、注意力や集中力の程度、職務遂行に必要な作業の実施状況や疲労の回復具合等、当該従業員の健康状態を総合的に判断して、復職の意見書を作成する際の考慮要素を示したものです。

仮に当該従業員の健康状態が回復不十分と判断した際には、産業医等は、試し勤務期間の延長もしくは復職不可の判断を意見書に記載します。その意見書をもとに、人事部長が復職の可否を判断して、当該従業員へその旨を通知します。

4-3 通勤訓練に関するモデル規定と解説

▶4-3-1 目　　的

> （目的）
> **第１条**　本制度は、私傷病により休職又は欠勤が継続している従業員について、試行的な通勤を通して職務遂行能力の回復状況を把握（確認）するとともに、円滑な職場復帰を実現させること等を目的とする。

本条は、通勤訓練をいかなる目的で行うのかを明らかにしたものです。一般に、通勤訓練を含む試し勤務を行う目的については、①従業員側からすれば、徐々に体に負荷をかけることにより円滑な職場復帰に資する、という点が挙げられます。他方、②使用者側からすれば、休職者の職務遂行能力の回復状況を確認し、債務の本旨に従った履行の提供、つまり従前の職務を通常の程度遂行できる程度に健康状態が回復したかどうかを確認するためです。そのため、このような健康状態を回復した否かを把握する目的も重要となってきます。

前者の目的のみでは、例えば従業員の回復状況を不十分に確認できない場合に延々と通勤訓練を継続するという事態にもなりかねませんので、本規定には後者の目的を明確に掲げておき、従業員の回復状況を十分に把握することができるようにしておくことが必要です。

▶4-3-2　対象者等

（対象者ないし制度適用）
第２条　本制度は、同一ないし類似の種類の私傷病によって、連続して１か月以上の休職又は欠勤をした従業員（休職者等）、又はこれに至らない期間でも通勤に支障が生じるおそれがあると認められる従業員に対し、会社が職務遂行能力の回復状況を把握（確認）し、かつ円滑な職場復帰等のために、通勤訓練を必要と認めた場合に適用する。
２　通勤訓練が必要とされた場合、当該対象者は特段の事由がない限り、これを拒むことはできない。通勤訓練を拒絶し、又はこれを完遂できない場合、当該事情は復職可否の判断における１つの要素として考慮される。

本条１項は、通勤訓練の対象となる従業員を定めたものです。対象疾病として、精神疾患の場合には、「うつ病」、「うつ状態」、「抑うつ状態」、「躁うつ病」、「双極性障害」、「適応障害」、「不安障害」、「パニック障害」、「自律神経失調症」等、様々な病名が診断書に記載されることが多いこと、主治医が変わった場合には診断書の病名も変わることがあることなどに鑑み、「同一ないし類似の」と定めています。

本条１項では、通勤訓練の対象とする従業員につき、主として精神疾患を念頭に、欠勤及び休職期間を通算して１か月以上経た者を対象としています。もっとも、身体疾患の場合その他疾患の状況に応じて１か月未満の場合でも通勤訓練の必要が生じる場合がありますので、広く通勤に支障が生じるおそれがある場合についても対象となるよう定めておくと、適用範囲が拡がり、柔軟な運用が可能となります。

また、職務遂行能力の回復状況の確認という目的を強調する制度設計では、通勤訓練を実施してたえられるか否かを確認することに主眼が置かれますので、本人が同意するか否かにかかわらず、業務命令を発するか、又は復職の前提要件として通勤訓練の完遂を求めることが考えられます（これに対し、円滑な職場復帰という従業員の利益を強調する制度設計では、本人の同意を要件とすることも考えられます）。

もっとも、通勤訓練の拒否が本人の自由な選択の中での拒否か、病気を原因とするやむを得ないものかを判断するのは難しく、業務命令の有効性には微妙な問題が残ります。そこで、本条２項では、通勤訓練を完遂できないという事情について、復職可否の判断において１つの要素として考慮することにとどめている点がポイントです。

▶4-3-3　適用期間

> **（適用期間）**
> **第３条**　本制度の適用は、原則として１か月以内の会社が必要と認める期間とする。
> ２　会社は、必要に応じて前項の期間を延長し、又は短縮することができる。
> ３　本制度の適用により、休職期間又は欠勤期間は中断しない。

本条１項は、通勤訓練の期間を定めたもので、産業医の意見を踏まえて期間設定を行うことが望ましいといえます。円滑に通勤訓練が実施できなかった場合などは期間を延長し、あるいは順調に通勤訓練が推移した場合には短縮して実施することも考えられます。

また２項では、通勤訓練の開始により、従業員側から休職を終え復職したとの誤解に基づく主張がなされることがありますので、そのような誤解を防ぐために、あくまで休職又は欠勤期間中であることを明確にしています。

▶4-3-4　実施に関する手続き

（通勤訓練の実施手続）
第４条　休職者等が復職を希望して通勤訓練を受ける場合、原則として実施予定（希望）日の１か月前までに、復職を可能とする主治医の診断書を所属長に提出するものとする。
２　所属長は、前項により提出された診断書を人事部長に提出する。
３　人事部長は、当該従業員の復職及び通勤訓練の実施等について、産業医等の意見を聴くものとする。
４　産業医等は人事部長の要請に基づき当該従業員と面談を行い、通勤訓練の実施に関する意見書を人事部長に提出する。
５　人事部長は、産業医の意見書に基づき、通勤訓練の内容を所属長及び当該従業員に対して通知する。

本条は、通勤訓練の開始にあたって経るべき手続きを定めたものです。ポイントは、通勤訓練の開始に際して主治医の診断書に加えて産業医の意見を徴するものとして、適切な医学的根拠の収集を求めていることです。

つまり、通勤訓練の目的は従業員の職務遂行能力の回復状況を確認する点にも求められますが、本人の復職申請と会社の判断だけで通勤訓練を実施してしまうと、病気の悪化や事故等のリスクがありますので、適切な医学的意見に基づくものとなるよう、主治医の診断書とともに、産業医の意見をも聴取するものとしています。

本規定では、嘱託産業医の執務頻度を考慮し、主治医の診断書を通勤訓練実施希望日の１か月前までに提出することにしていますが、常勤の産業医など比較的早期に面談を実施できる場合は、診断書の提出期限を復職予定日の１週間前や２週間前など、より短く設定してもよいでしょう。

▶4-3-5　訓練内容

（通勤訓練の内容）

第５条　通勤訓練の内容は、原則として、通常の勤務時の通勤経路、時間帯、目的地、帰宅までの滞在場所等を想定した通勤訓練計画書に定め、これに基づき行うものとする。ただし、産業医又は本人の判断により、経路、時刻、滞在場所等について､段階的に負荷を高める内容とすることを妨げない。

２　通勤訓練時の目的地は、その都度定める。

３　休職者等は、通勤訓練の目的地において、設置されている記録用紙に出勤時刻及び署名等を記録するものとする。

４　会社は、通勤訓練を実施している休職者等に対し、一切の指揮命令を行わない。

５　休職者等は、自らの判断により所属長に申し出て、通勤訓練を中断、遅刻、早退することができる。なお、当該事情は復職判定における判断要素の１つとして考慮され得る。

本条は、通勤訓練の内容と指揮命令との関係等について定めた規定です。

１項は、通勤訓練の最終的な目標が復職にあることから、復職時における通常の通勤経路と時間帯を想定することを明らかにしたものです。ただし、通勤時間帯に通勤を行うことが厳しいことも考えられるため、徐々に負荷をかける内容とすることも選択できることを但書で定めています。

通勤訓練の内容は、本人の体調や生活リズム、個人の就業環境を考慮したうえで決定します。通常は、時間や業務内容の負荷をいくつかのステップに分けて強くし、最終的な目標ラインは、フルタイムで出勤できることです。次に一例を示します。

通勤訓練の設計例

第１クール　9：00〜12：00（営業日で5〜7日）
第２クール　9：00〜15：00（営業日で5〜7日）
第３クール　9：00〜17：00（営業日で5〜7日）

2項は通勤訓練の目的地について、通勤訓練の内容に応じて、その都度決定されることを定めたものです。

3項は、通勤訓練では、休職者等の通勤を管理職が監督している訳ではありませんので、きちんと通勤訓練を行ったことの証左を残す必要がありますから、休職者に記録の作成を求めるものです。

4項及び5項は、通勤訓練があくまで会社が休職者等の職務遂行能力の回復状況を把握（確認）する過程であって、労務提供に当たらないことを明確にするために、①指揮命令をしないこと、そのため休職者等が通勤訓練を中断したければ②いつでも中断してよいこと、を明らかにしたものです。

これに対し、休職者等の職務遂行能力の回復状況をより実質的に把握するために、会社の指揮命令の下で簡易な職務を遂行してもらうことも考えられますが、その場合には、少なくとも最低賃金の支払いが求められる可能性があることに留意すべきです。

いかなる場合に通勤訓練や試し勤務で賃金が発生するかについては、試し勤務に関する**4-3-5**、**4-4-8**を参照してください。

▶4-3-6　実施状況の報告

（通勤訓練の報告）

第6条　休職者等は、通勤訓練における出勤時間、作業内容、退勤時間等について、日々所属長に報告するものとする。

2　会社は、通勤訓練の実施状況、報告内容その他一切の事情を踏まえて、「復職可否」の判断を行う。

本条は、通勤訓練の対象となる従業員について、安全配慮義務及び復職判定の可否に関する事情確認の観点から、出勤時間、作業内容、退勤時間等の報告を求めるものです。

なお、本規定では明示していませんが、復職判定が後に争われた場合、通勤訓練の対象となる従業員の日々の報告内容が復職判定の当否に関する重要な証拠となり得ることから、当該報告内容については、生活記録表（**3-3-3、図表9**参照）によることが望ましいと考えます。

▶4-3-7　中　　止

> **（通勤訓練の中止）**
> **第7条**　会社は、通勤訓練を継続することが会社業務に支障を生じる場合、又は本人の心身の状況がたえられないと認められる場合は、これを中止することができる。

通勤訓練は、対象となる従業員について、通勤訓練をさせることによって他の従業員の業務に支障を生じさせたり通勤訓練のストレスによって病状が悪化して、再休職させることが望ましい場合もあったりします。そのため、会社の判断によって通勤訓練を中止することができるよう、本規定を設けています。

▶4-3-8　待遇・費用等の留意事項

> **（留意事項）**
> **第8条**　会社は、休職者等に対し、職務遂行に関する指揮命令を一切行わず、賃金を支給しないものとする。
> **2**　通勤訓練に必要な費用は、原則として会社の負担とする。
> **3**　会社在留時及び通勤時の被災については、労災保険による補償はない。

4　会社施設内での在留が認められる場合も、休職者等は、会社指定の場所以外に立ち入ってはならない。

本条は、通勤訓練が労働契約に基づく労務提供に該当しないことを明らかにするものです。

すなわち、1項において会社が通勤訓練の対象となる従業員に指揮命令を行わないことを明らかにすることで、通勤訓練が労働契約に基づく労務提供ではないこと、その結果として労働契約に基づく賃金が支給されないことを、それぞれ明らかにしています。

2項においては、通勤訓練について休職者等の同意なく実施することから、その費用を原則として会社負担とする旨規定しました。

そして3項においては、通勤訓練が労務提供ではないために、労災保険の適用がないことを明らかにしています。

さらに4項においては、通勤訓練は労務提供ではないので、通勤訓練の対象となる従業員は、本来、会社施設内には会社の許可なく立ち入ることができないところ、会社は、通勤訓練に必要な範囲で会社が指定した場所に立ち入ることを認めるものです。

▶4-3-9　復職判断

（復職判断）

第9条　会社は、通勤訓練の実施状況、報告内容その他一切の事情を踏まえて、休職者等の復職の可否（健康時と同等の職務遂行能力を有するか否か）の判断を行う。

本条は、通勤訓練の対象となる従業員について、その復職の可否、すなわち健康時と同等の職務遂行能力を有するか否かについて、通勤訓練の実施状況、報告内容その他一切の事情を踏まえて会社が判断する旨を規定したものです。

4-4 試し勤務実施に関する実務Ｑ＆Ａ

▶4-4-1　試し勤務期間中に従事させる業務

Q　試し勤務期間中はどのような業務に従事させたらよいでしょうか？

A　試し勤務は原則として、休職前の元の職場・業務に戻ることが望ましいといえます。元の職場にメンタルヘルス不調をきたす要因（人間関係やハラスメントなど）がある場合は、元職場と違う職場を選定することはあります。しかしそのような理由がない限りは、元職場で従前と同じ業務に従事して通常業務を目指していきます。異なる職場や業務に戻ることとすると、新しい環境や仕事に慣れる必要があり、想定していたより負担がかかります。

試し勤務中の業務については、休職中の措置なのか復職後に賃金を支払っている中での業務軽減措置なのかによって違いが出てきます。前者であれば、本来の業務に従事させることはできず、業務の指揮命令を発することもできません。よって読書や勉強をしながら一定時間を過ごすような当該従業員の任意の取組みとなります。

しかし実際には、休職中での試し勤務においても、元の業務に従事しているケースが多いものです。元の業務に従事したほうが職場では業務遂行能力の回復状況を確認しやすく、当該従業員にとっても段階的な復職につながりやすいなど、職場と本人の双方にとってメリットが大きいからです。

試し勤務の開始にあたって、事前に上司と当該従業員で話し合いをし、具体的な業務内容や目標の計画を立てることが大切です。も

図表 13　試し勤務の業務計画

週数／時間	業務内容	業務目標	備考・注意点等
1週目／ 9時〜12時	・パソコンの操作 ・メールの整理 ・回覧文書や掲示板への目通し ・休職中のキャッチアップ	・定時に毎日出勤できる ・デスクに座って業務に集中できる ・スムーズな業務の引継ぎ	・まずは職場環境や人間関係に慣れる期間とする ・対外的な業務は外す ・上司との面談を行う（以下共通）
2〜3週目／ 9時〜15時	・元の業務の半分程度を遂行 ・社内関係部署との連絡 ・部署定例ミーティングに参加	・業務上で不明なところはすぐに相談する	・急ぎの対応が求められる業務はしない
4週目／ 9時〜17時30分	・元の業務の7〜8割程度を遂行 ・納期のある仕事も担当開始 ・電話対応、関係顧客への連絡	・通常業務へ移行していく ・フルタイムで業務が遂行できる	・残業は発生させない ・産業医との面談を行う

ちろん個々の職種や職位によって試し勤務における業務内容は変わってきます。**図表13**に一般事務職の試し勤務の業務計画の１例を提示します。

▶4-4-2　試し勤務中の賃金、無給扱いの可否

Q　当社は試し勤務制度の導入を検討しており、特に精神疾患で休職した社員の復職時には、原則として試し勤務を実施しようと考えています。試し勤務中の賃金はどのように設定したらよいでしょうか。また、休職期間中に実施することとすれば、無給としても大丈夫でしょうか。

A　試し勤務中の賃金をどのように設定すべきかを考えるにあたっては、①労働契約上の賃金と、②最低賃金法上の最低賃金の２つを分けて考える必要があります。

● 試し勤務中の賃金支払いの要否

(1) 原　則

試し勤務中の作業は、(少なくとも当初は) 労働契約上の債務の本旨に従った労務に比べて軽減されたものであることが通常です。

そのような軽減された作業は、仮にそれが業務の一部であったとしても、不完全な労務の提供に過ぎませんから、企業は、それに対して労働契約上の賃金を支払う義務を負うことはありません。これが原則です。

この点については、NHKの職員について、「精神的領域における疾病による傷病休職」からの復職可否の判断のために行われた試し勤務（この事件では「テスト出局」とよばれています）中の賃金請求権の有無等が問題となったNHK名古屋放送局事件・名古屋高判平成30年6月26日も、「テスト出局の趣旨、目的に照らせば、休職者の提供する作業の内容は、当該休職者の労働契約上の本来の債務の本旨に従った履行の提供であることを要するものではなく、また、休職者の提供する作業の内容がその程度のものにとどまる限り、被控訴人も休職者に対して労働契約上の本来の賃金を支払う義務を負うこととなるものではない」として、試し勤務（テスト出局）中の休職者に対する労働契約上の賃金（この事件では「職員給与規程による賃金」）の支払義務を否定しています。

(2) 試し勤務に賃金を支払うことを就業規則（試し勤務実施規程）で制度化した場合

もっとも、企業が、試し勤務について指揮命令を行う場合、一定額の賃金を支払うことが相当であると考えられますが（モデル規定5条）、このように、試し勤務に賃金を支払うことを就業規則（試し勤務実施規程）で制度化した場合、休職者との間の労働契約の内容となり（労働契約法7条、9条、10条）、企業は、休職者に対し、試し勤務実施規程が定めるところに従い、賃金支払義務を負うことになります。

前記のとおり、試し勤務中の作業は、通常、不完全な労務の提供に過ぎませんから、企業としては、（本来の）労働契約上の賃金よりも低額の賃金しか支払いたくないと考えることが自然です。そのためには、あらかじめ試し勤務実施規程において、試し勤務中の賃金について作業の不完全さに見合う（低い）金額を設定しておく必要があります。

なお、就業規則の最低基準効（労働契約法12条）により、試し勤務中の賃金を低い金額とする旨の休職者との個別合意を無効とされ、就業規則（賃金規程）所定の（高い）賃金に置き換えられるリスクを避けるために、企業は、試し勤務中の賃金を通常の労働の場合よりも低額に設定する場合には、必ず就業規則中にその旨の除外規定を置くことが必要となります。また、休職中は無給としている場合は、誤解を避けるため、試し勤務中の賃金は別扱いであるとする旨の規定を（注意的に）置くことが望ましいと思われます（欠勤・休職に関するモデル規定25条1項但書）。

● 最低賃金相当額の支払いが必要になる可能性がある

企業は、就業規則に定めることにより、試し勤務中は無給とすることもできるのでしょうか。

(1)　最低賃金法適用の有無

この点について、前掲・NHK名古屋放送局事件高裁判決は、試し勤務中の作業が「使用者の指示に従って行われ、その作業の成果を使用者が享受しているような場合等」には、当該作業は労働基準法11条の「労働」に該当するとし、そのような作業について最低賃金以下の賃金を定める場合（無給の場合も含む）は、企業は、最低賃金法4条2項により、休職者に対し、最低賃金相当額の支払義務を負うと判示しました。

この判断はまだ確定したものではありません（最高裁によって変

更される可能性もあります)。しかし、少なくとも現時点では、企業は、同判決の判示内容を踏まえて、試し勤務中の作業が「使用者の指示に従って行われ、その作業の成果を使用者が享受しているような場合等」に当たると判断される可能性がある場合には、試し勤務中は無給とすることはできず、少なくとも最低賃金相当額の賃金は支払わなければならないと考えておくべきです。

(2) 傷病手当金との関係

なお、前掲・NHK名古屋放送局事件高裁判決は、試し勤務中の休職者に対し、企業が最低賃金相当額の賃金の支払義務を負う場合にも、休職者に対しては傷病手当金（健康保険法99条）が支給される（支給額は賃金額を控除した残額）としていますが、この判示は誤りである旨が指摘されています。すなわち、傷病手当金は「療養のため労務に服することができない」場合に支給されるものであるため（健康保険法99条1項）、同判決がいうように、試し勤務における休職者の作業が労働基準法11条の「労働」に該当するのであれば、傷病手当金は「労務に服することができない」という要件を充たさず、不支給となるはずであるとの指摘です（森戸英幸『傷病休職中の「試し勤務」期間における賃金請求の可否—NHK（名古屋放送局）事件』ジュリスト1524号4頁)。

この指摘が正しければ、試し勤務中の作業が労働基準法11条の「労働」に該当する場合には、企業は、休職者が傷病手当金を受給できないことを前提に試し勤務中の賃金を設定しなければならないことになりますので、注意が必要です。

第5章

テレワーク編
（復職判断や試し勤務が受ける影響等を中心に）

5-1 テレワークをめぐる労働契約上の混乱

テレワークとは、従業員が情報通信技術を利用して行う事業場外勤務をいい、その形態には、業務を遂行する場所に応じて、①在宅勤務、②サテライトオフィス勤務（自宅付近や通勤途中の場所等に設けられたサテライトオフィスでの勤務）、③モバイル勤務（従業員が自由に働く場所を選択でき、外勤時の移動時間も利用できる働き方）に大別されます。本稿(注9)では、特に断りのない限り、大半を占める上記①在宅勤務を念頭に置くこととします(注10)。

テレワークは、ウイルスの感染拡大を契機として、一気に企業への導入が進展しました。このような経緯から、テレワークの制度設計、つまり労働契約にテレワークをどのように位置づけるのかという根本的な問題が意識的に論じられてきたとは言い難い状態です。そのため、業務命令権や就労請求権の関係、とりわけ私傷病休職から復職する際の判断をどう考えるのか（例えば、従前の業務は通常程度に遂行不能であるが、テレワークであれば可能という場合に復職を認めるべきか等）という点についても、実務上の対応に混乱が生じかねません。

そこで、本章では、まずテレワークをめぐる労務管理・健康管理上の留意点を検討します。また、企業の取扱いの現状を確認したうえで、テレワークを労働契約においてどのように位置づけるべきかという制度設計を整理し、その設計に応じて前述した復職や休職等の個別論点を検討します。最後に、テレワーク勤務における復職判断、試し勤務のあり方や復職後のテレワーク勤務のあり方を検討します。

（注 9）厚生労働省「テレワークの適切な導入及び実施の推進のためのガイドライン」（以下「テレワークガイドライン」という。）参照

（注 10）総務省「令和 3 年通信利用動向調査」では、テレワークの導入形態のうち在宅勤務が 91.5% と最も高くなっています。

5-2 テレワークにおける労務管理・健康管理に関する実務Q&A

▶5-2-1 テレワークにおける部下のマネジメント

Q 現在、会社の方針で多くの従業員に対してテレワークを推奨しています。しかしテレワーク環境におけるメンバーの業務の進捗管理、体調面の把握に苦労しています。テレワーク環境におけるマネジメントで何か良い方法はありますか？

A 新入社員や中途採用者、環境変化のある従業員等については、定期的なオンラインミーティングや朝礼・夕礼の設定、1on1 ミーティングの定期的設定等により、コミュニケーションを図ることが望ましいと考えます。

毎日顔を合わせる従来の出勤スタイルと違い、テレワーク環境下でのメンバーの勤怠・体調管理の難しさを感じている上司の方は多いと思います。業務内容やタスク管理が確立し、自身で業務を進められる自立したメンバーについてはあまり心配する必要はないのかもしれません。しかし、新卒入社や中途採用者、異動や昇進などの環境変化、もしくは知識やスキル不足のメンバーについては注意が必要です。

また在宅でのテレワークは、プライベートな空間に仕事を持ち込むことになります。そのため、業務時間内に家事や子供のことが気になったり、業務時間が終了しても仕事を引きずったりしてしまい、オン・オフの切替えが難しい方がいます。ここでは、テレワーク環境におけるマネジメントの工夫について説明します。

● 定期的なオンラインミーティングの設定

テレワーク環境下では直接顔を合わせる機会が減り、孤立感やサポート不足を感じやすくなります。メールやチャットの文字だけのやり取りだけでは、孤立感を解消しにくい場合があります。その場合、オンライン会議で声を聞く、顔を見ることによって安心感が生まれやすくなります。そうすることで、些細な困り事でも周囲に相談しやすい、サポートを得やすい環境がつくれます。メンバーから上司に「時間をつくってほしい」と直接言い出しにくいことも多いため、定期的なオンラインミーティングを設定することは有用です。

また、業務に関するミーティングにとどまらず、何でも自由に発言できる、四方山話ができる機会を別途設定できればより望ましいと思います。

● 始業・終業時の朝礼・夕礼の設定

在宅勤務では、プライベートな空間に仕事が入ってくるため、オン・オフの切替えがうまくできない方がいます。会社に出勤しているときは、起床後に身支度を済ませて交通機関を使い、オフィスに通うなど一定のリズムがつくれていたでしょう。在宅環境でも出勤時と同様に、プライベートと仕事の時間の切分けが重要です。

そこで、部署ごとに朝礼や夕礼を設けると、就業時間の明確な区分けが可能になります。また朝礼や夕礼の時間を活用して、今日一日の業務の予定や進捗、課題についても遅滞なく全体で共有することができます。朝礼・夕礼は勤怠管理の面でも重要な役割を果たすことになります。

● 1on1 ミーティングの定期的な実施

部署全体でのミーティングを設定しても、積極的・自発的な発言が苦手な方がいます。そのためメンバーが各々で感じていること、悩んでいることを聴くために、上司が 1on1 で対話する機会を定期的につくる必要があります。

1on1 ミーティングでは、上司は自分が言いたいこと、聞きたいことに終始するのではなく、メンバーの話したいこと、相談したいことを聴く姿勢をまず示すことが大切です。メンバーとの信頼関係が構築できていれば、業務上の指示や指摘など、多少ネガティブなフィードバックが発生しても関係性が崩れることはありません。

▶5-2-2　テレワーク勤務における健康問題

Q　テレワーク勤務の影響で様々な体調不良を訴える社員が散見されますが、対面で会う機会が激減しているため、本人の表情をみることができるのはオンライン会議のみです。テレワーク勤務者に出現しやすい健康問題には、どのようなものがあるのでしょうか。事前に把握しておき、不調者の早期発見に努めたいと思っています。

A　テレワーク勤務者に出現しやすい健康問題として、主に作業環境に起因する筋骨格系の問題、生活リズムに起因する心身の問題、メンタルヘルスの問題が挙げられます。

テレワーク勤務下では、労働時間、業務量や業務内容、人間関係、また作業環境が十分把握できず、従業員本人の不調を早期に正しく評価できず対処が遅れてしまう可能性が生じます。

本来、管理監督者や衛生管理者、産業保健スタッフが行っていた作業環境管理が、テレワーク勤務により従業員本人に委ねられることとなり、結果として長時間作業に適した作業環境が整わず（例えば自宅で PC 作業に向かないテーブルや椅子に長時間座らざるを得ないなど）、腰痛、頭痛、眼精疲労、倦怠感などの筋骨格系の健康問題が出現しやすくなります。

また、普段の生活にも大きな変化が生じます。特に、通勤がなくなったことで歩行などの身体活動量が減り、体重が増加したり持病が悪化しやすくなったりします。社員食堂を利用しなくなることにより食事内容が変化し、バランスのとれた食事が摂りづらくなるなどの問題が生じることも懸念されます。自宅で過ごす時間が増えることで飲酒量が増え、アルコール問題が出現しやすくなったりもします。精神症状としては、職場での対面のコミュニケーションが低下し孤立感、不安、抑うつを感じたり、オン・オフの切替えの困難さによる疲労、睡眠リズムの乱れなどの睡眠問題がみられたりします。

このように、テレワーク勤務下で新たに生じた心身の健康問題により仕事のパフォーマンスが低下し、プレゼンティーズムが悪化することが懸念されます。

▶5-2-3　テレワーク勤務における労働環境整備

Q　在宅勤務を希望する従業員がいます。しかし当該従業員の作業環境について確認すると、家族が多く、かつ業務を円滑に行うのに適当な環境の確保が困難な状況のようです。従業員の作業環境を整えられるよう、事業者はどのような配慮が必要でしょうか。

A　事業者は、従業員が健康で安全な環境で作業を行うことができるよう配慮する義務を担っています。そのため、従業員が快適な作業環境を整備するために積極的に支援するのが望ましいと思われます。

テレワーク勤務の中でも在宅勤務の場合は、従業員のプライベートな居住環境と労働環境が混在します。本来、労働安全衛生法をはじめとした労働関連諸法令や厚生労働省の通達は事業場を前提としており、自宅は事業場には該当しません。そのため、原則として安衛法による規制対象に該当しないと考えられますが、事業者は安全配慮義務を果たすため、従業員が健康を害することなく作業を行えるよう、作業環境を整えることが求められます。なお、自宅は本人の所有、又は賃貸の住宅ですから、従業員のプライバシー確保に配慮することが必要です。

事業場での作業環境管理は、管理監督者や衛生管理者、産業保健スタッフが主に行っていますが、テレワーク勤務により従業員本人に委ねられることとなります。よって作業環境の整備に必要な備品を支給してほしいなど社員から申出があった場合、必要であるか否か正当に評価し、積極的に対応するのが望ましいでしょう。

厚生労働省が自宅等においてテレワークを行う際の作業環境を確認するためのチェックリストを公開（**図表14**）しているので、適宜参考にしてください。

図表14　自宅等においてテレワークを行う際の作業環境を確認するためのチェックリスト

自宅等においてテレワークを行う際の作業環境を確認するためのチェックリスト【労働者用】

1　このチェックリストは、自宅等においてテレワークを行う際の作業環境について、テレワークを行う労働者本人が確認する際に活用いただくことを目的としています。
2　確認した結果、すべての項目に☑が付くように、不十分な点があれば事業者と話し合って改善を図るなどにより、適切な環境下でテレワークを行うようにしましょう。

すべての項目について【観点】を参考にしながら作業環境を確認し、当てはまるものに ☑ を付けてください。

1　作業場所やその周辺の状況について

☐（1）　作業等を行うのに十分な空間が確保されているか。

【観点】
・作業の際に手足を伸ばせる空間があるか。
・静的筋緊張や長時間の拘束姿勢、上肢の反復作業などに伴う疲労やストレスの解消のために、体操やストレッチを適切に行うことができる空間があるか。
・物が密集している等、窮屈に感じないか。

☐（2）　無理のない姿勢で作業ができるように、机、椅子や、ディスプレイ、キーボード、マウス等について適切に配置しているか。

【観点】
・眼、肩、腕、腰に負担がかからないような無理のない姿勢で作業を行うことができるか。

☐（3）　作業中に転倒することがないよう整理整頓されているか。

【観点】
・つまづく恐れのある障害物、畳やカーペットの継ぎ目、電源コード等はないか。
・床に書類が散らばっていないか。
・作業場所やその周辺について、すべり等の危険のない、安全な状態としているか。

☐（4）　その他事故を防止するための措置は講じられているか。

【観点】
・電気コード、プラグ、コンセント、配電盤は良好な状態にあるか。配線が損傷している箇所はないか。
・地震の際などに物の落下や家具の転倒が起こらないよう、必要な措置を講じているか。

2　作業環境の明るさや温度等について

☐（1）　作業を行うのに支障ない十分な明るさがあるか。

【観点】
・室の照明で不十分な場合は、卓上照明等を用いて適切な明るさにしているか。
・作業に使用する書類を支障なく読むことができるか。
・光源から受けるギラギラしたまぶしさ（グレア）を防止するためにディスプレイの設置位置などを工夫しているか。

☐（2）　作業の際に、窓の開閉や換気設備の活用により、空気の入れ換えを行っているか。

☐（3）　作業に適した温湿度への調整のために、冷房、暖房、通風等の適当な措置を講ずることができるか。

【観点】
・エアコンは故障していないか。
・窓は開放することができるか。

☐（4）　石油ストーブなどの燃焼器具を使用する時は、適切に換気・点検を行っているか。

☐（5）　作業に支障を及ぼすような騒音等がない状況となっているか。

【観点】
・テレビ会議等の音声が聞き取れるか。
・騒音等により著しく集中力を欠くようなことがないか。

3　休憩等について

☐（1）　作業中に、水分補給、休憩（トイレ含む）を行う事ができる環境となっているか。

4　その他

☐（1）　自宅の作業環境に大きな変化が生じた場合や心身の健康に問題を感じた場合に相談する窓口や担当者の連絡先は把握しているか。

※　ご不明な点がございましたら、お近くの労働局又は労働基準監督署の安全衛生主務課にお問い合わせください。

記　入　日：令和　　年　　月　　日

記入者職氏名：

R3.3.25版

▶5-2-4　テレワーク勤務者が休職するときの会社貸与パソコンの取扱い

Q　会社で貸与しているパソコンを使ってテレワーク勤務を行っている従業員が休職に入る場合、貸与しているパソコンはどうしたらよいですか？

A　休職に入る従業員には、同僚や関係者に負担や迷惑をかけていないかと、休職に入ってからも自分の担当業務の進捗、社内の動向が気になって、ついついパソコンを開いてしまう人がいます。また、全従業員への一斉メールや社内掲示板を閲覧することで不安な気持ちが高まることも多いものです。

そうすると、休職に入っても会社や仕事から距離を置くことができずに、症状の回復が得られません。以下、休職中における会社貸与のパソコンや携帯電話の対応について説明します。

● 会社が貸与しているパソコンや携帯電話は回収する

職場や業務から一定の距離を置いて療養に集中するため、休職中は自宅で仕事ができない環境をつくることがとても重要です。一番良い方法は、会社が貸与しているパソコンや携帯電話は自宅から回収することです。

回収方法には、以下のような方法があります。

・短時間の業務の引継ぎのために出社する際に、本人がパソコン等を持参する（家族の協力が得られる場合は、家族が会社を訪問して届ける方法でもよい）

・本人が会社に来ることが困難な場合は、人事や上司が自宅までパソコン等を受け取りに行く

・遠方の場合は、パソコンを梱包して宅急便で会社に発送する

● 連絡手段の取決め

会社からの貸与パソコンや携帯電話を回収するため、休職中は会社のメールアドレスを使用したメールでの連絡はできません。

そのため、休職中の連絡方法は一般的に、個人アドレスへのメール、個人携帯電話へのショートメールや通話、自宅電話への連絡となります（休職中の連絡方法については **2-4-5** をご参照ください）。

5-3 テレワークの制度設計に関する実務Q＆A

▶5-3-1 テレワークの最適な制度設計の必要性と労働契約上の位置づけ

Q テレワークを導入するにあたり、どのような点に留意して制度設計をすればよいでしょうか。

A どのような目的でテレワークを導入するのかという目的を明確にしたうえで、労働契約上の位置づけを検討することが重要だと考えます。

● テレワークの導入状況と目的

企業におけるテレワークの導入は、新型コロナウイルスの感染拡大の影響により、大幅に進展しました。導入済み企業が、新型コロナウイルス感染拡大前の令和元年では20.2％であったものが、令和2年には47.5％、令和3年には51.9％に達しました（総務省『令和3年通信利用動向調査』(注11)）。雇用型テレワーカーの割合も、全国で令和元年度には14.8％であったものが令和2年度には23.0％、令和3年度には27.0％と大幅に上昇しました（国土交通省『令和3年度テレワーク人口実態調査』）。(注12)

また、テレワークの導入目的として、新型コロナウイルス等の非常時の事業継続を挙げた企業が94.1％、従業員の通勤時間、勤務中の移動時間の削減が40.5％、育児・介護中の従業員への対応が30.2％、生産性の向上が24.7％ありました（東京都『多様な働き方に関する実態調査（テレワーク）報告書（令和3年11月）』）。そして、テレワーク導入企業における継続・拡大の意向については、テレワークをやめると回答した割合が5％未満で、今後もテレワーク

を継続する企業が多数と思われます。(注13)

（注11） 総務省ウェブサイト（https://www.soumu.go.jp/johotsusintokei/statistics/data/210618_1.pdf）参照

（注12） 国土交通省ウェブサイト（https://www.mlit.go.jp/toshi/daisei/content/001392107.pdf）参照

（注13） 東京都ウェブサイト（https://www.hataraku.metro.tokyo.lg.jp/hatarakikata/telework/02report.pdf）参照

● なぜ労働契約における位置づけを検討する必要があるか

このように、非常時の事業継続（ＢＣＰ）の観点からテレワークを導入する企業が多数を占めることとなった結果、テレワークの実施に必要な関連規定が整備されていなかったり、コロナ禍以前から導入していたテレワーク制度が非常時の事業継続（ＢＣＰ）を目的とするテレワークに対応できなかったりする等による混乱が生じています。

そして、会社側がテレワークを制度化して一方的に命じることができるのか等、労働契約におけるテレワークの位置づけと制度設計が、法的な問題として浮かび上がっています。例えば、会社がテレワークに応じない従業員にテレワークで就労するよう命じることはできるでしょうか（以下、この命令権を「テレワーク命令権」といいます）。あるいは、テレワークを希望する従業員が会社にテレワーク就労を求めることはできるでしょうか（以下、この従業員の権利を「テレワーク就労請求権」といいます）。

テレワークガイドラインは、この点を明確に論じていません。つまり「テレワークの契機は様々であり、従業員がテレワークを希望する場合や、使用者が指示する場合があるが、いずれにしても実際にテレワークを実施するに当たっては、従業員本人の納得の上で、対応を図る必要がある。」と、抽象的に言及するに留まります。結局、テレワークガイドラインは、新型コロナウイルス感染拡大という緊急事態を受けて、労働時間管理や健康管理などの主に労働基準法（以下、「労基法」という）や安衛法等に関連する労務管理上の

図表 15　テレワークの目的と労働契約上の位置づけ

目　　的	テレワークの位置づけ	テレワーク命令権	テレワーク就労請求権
①　特に定めなし	臨時的就労形態	なし	なし
②　非常時の事業継続	臨時的就労形態	規定すべき	必要なし
③　事業継続＆従業員の負担軽減等	通常の就労形態の一つ	規定すべき	認める余地あり

問題点について一定の整理を行ったものですので、正面から労使間の労働契約について整理していないのです。

しかし、導入目的に応じてテレワークを労働契約にどのように位置づけるかという制度設計は、本来、企業に応じてかなり異なるはずです。

テレワークの労働契約上の位置づけは、**図表 15** のように整理することができます。

そこで、以下、**図表 15** の３つのケースに沿ってテレワークの制度設計を整理します。

そのうえで、テレワークの制度設計によりテレワーク命令権やテレワーク就労請求権の肯否、労働条件の明示の要否にどのように影響するかを検討します。

▶5-3-2　労働契約上の位置づけが明らかにされていない場合（図表15①）のテレワーク命令権・テレワーク就業請求権

Q　当社では、テレワークについて特に労働契約上の位置づけを明らかにすることなく事実上実施してきましたが、このような場合に、テレワーク命令権が認められますか。

A　同意があればテレワークの実施ができることは当然ですが、命令権を保有するためには、少なくとも就業規則等の労働契約上の明確な根拠が必要だと考えます。

現状ではこのように自社でテレワークを導入する目的が必ずしも明確にされておらず、また特に就業規則上も関連規定が整備されていないケースが少なくないと推察されます。

そこで、まずこのケースを念頭に、テレワーク命令権とテレワーク就労請求権の考え方を整理しておきます。

● テレワーク命令権

たしかに、正社員であれば、出張等により通常の就労場所を離れ、様々な場所で就労することは、労働契約上予定されているといえます。ただ、自宅は従業員にとってプライベートな空間であり、本来業務を離れた休息の場所であることからすれば、そうした私的領域での就労が正社員の労働契約上予定されているとは、言い難いものです。したがって、テレワーク（在宅勤務）を業務命令として義務づけるためには、就業規則や労働契約等における明確な根拠が必要と考えます。なお、就業規則上の規定がない場合であっても、従業員の同意があればテレワークの実施が可能であることは当然です。

● テレワーク就労請求権

従業員が使用者に対し就労させることを請求する就労請求権は、労働義務は義務であって権利ではないことから、原則として否定されます[注14]。したがって、テレワーク就労請求権も原則として認められません。

(注14) 菅野和夫『労働法』(第12版) 155・156頁

▶5-3-3　戦略的なテレワークの制度設計

Q 当社では、テレワークを制度として導入するために就業規則の整備を検討していますが、目的に応じて、どのようにテレワーク命令権やテレワーク就労請求権などを位置づければよいでしょうか。

A 導入の目的が非常時の事業継続目的であればテレワーク命令権を肯定しつつ就労請求権は否定し、それ以上の生産性向上や従業員の負担軽減目的を併有するのであれば、命令権とともにテレワーク就労請求権を定めることもあり得ると考えます。

テレワークを事実上実施していた**図表15**①とは異なり、テレワークを戦略的に活用するため導入目的に応じて就業規則の規定を整備するにあたり、テレワークの労働契約上の位置づけ、テレワーク命令権やテレワーク就労請求権については、どのように考えればよいでしょうか。

前述のとおり、今日では多くの企業が非常時の事業継続を目的としてテレワークを導入していることから、②事業継続のみを導入目的とする場合と、③事業継続目的に加えて、生産性向上や従業員の負担軽減、ワーク・ライフ・バランスの向上(による人材獲得競争上の優位性確保)を目的として併有する場合に分けて検討します。

● 非常時の事業継続を目的とする場合（図表15②）

これは、通常の勤務場所における就労に親和性が高い一方、非常時対応という使用者の都合によりテレワーク就労が求められる場合です。この場合、テレワークはあくまで非常時における臨時的な就労形態として位置づけられることになります。

また、使用者都合によりテレワークを求める以上、テレワーク命令権は就業規則等に明記する必要があります。他方、従業員のテレワーク就労請求権は、事業継続という導入目的から導かれるものではありません。

● 従業員の負担軽減やワーク・ライフ・バランスの向上目的が併存する場合（図表15③）

これは、非常時対応という使用者都合によるテレワーク就労が求められる一方、テレワークとの親和性が比較的高いため、従業員の負担軽減等を通じた人材獲得競争上の優位性確保をも念頭に置いて、積極的にテレワークを活用する制度設計を試みる場合です。

この場合、テレワークは非常時における臨時的な就労形態であるとともに、日常的な従業員の負担軽減措置として導入対象となる従業員にとっては、常時的ないし通常の就労形態として位置づけられることになるでしょう。そのため、テレワーク命令権は就業規則等に明記する必要がある一方で、従業員のテレワーク就労請求権については、導入目的に応じて認める余地があるといえます。

▶5-3-4　テレワーク命令権・テレワーク就労請求権を導入する際の手続き上の留意点

Q　図表15②の場合にテレワーク命令権、テレワーク就労請求権を定めるにあたっては、どのような点に留意すればよいでしょうか。

A　テレワーク命令権については、就業規則等において、発令できる場合や費用負担などを定めておくことが必要です。また、テレワーク就労請求権については、許可制を定めておくべきです。

● テレワーク命令権

図表15②の場合にテレワーク命令権を定める際には、通常の就労形態と誤認されないよう、発令できる場合を災害時等のやむを得ない場合に限定する必要があります。

次に、テレワーク命令権を業務命令の一環として発令した場合でも、他の業務命令と同様、権利濫用による制限を受ける可能性があります。日本の住宅は、私生活の場所とは別に就業の場所まで確保できるほど広くはないことが多く、まして小学校低学年ぐらいまでの子供がいる家庭では、自宅での私生活と仕事の線引きは非常に難しいことから、この点に関する配慮を怠ると、無効とされる可能性があります。

また、テレワークに伴う増加費用の負担を行うことも必要です。特に自宅が就業の場所である場合、ＰＣや携帯電話、通信用のモバイルルーター等の機材は貸与することで、また資材や取引先との書面手交等は配送等を利用することで会社負担とすることができますが、自宅の光熱費を就業用と自宅用で分けることは困難ですので、一定額を手当として支給することも考えられます。

（参考）厚生労働省「モデル『テレワーク就業規則』（在宅勤務規程）」

（費用の負担）

第14条　会社が貸与する情報通信機器を利用する場合の通信費は会社負担とする。

2　在宅勤務に伴って発生する水道光熱費は在宅勤務者の負担とする。
3　業務に必要な郵送費、事務用品費、消耗品費その他会社が認めた費用は会社負担とする。
4　その他の費用については在宅勤務者の負担とする。

● テレワーク就労請求権

また、テレワーク就労請求権を導入する場合であっても、多数の従業員から無制限に求められると業務上の支障が生じる場合がありますので、業務上の支障がある場合に不許可とすることができるよう、許可制を採用するべきでしょう。

(参考) 厚生労働省「モデル『テレワーク就業規則』(在宅勤務規程)」

(在宅勤務の対象者)
第3条　在宅勤務の対象者は、就業規則第○条に規定する従業員であって次の各号の条件を全て満たした者とする。
(1) 在宅勤務を希望する者
(2) 自宅の執務環境、セキュリティ環境、家族の理解のいずれも適正と認められる者
2　在宅勤務を希望する者は、所定の許可申請書に必要事項を記入の上、1週間前までに所属長から許可を受けなければならない。
3　会社は、業務上その他の事由により、前項による在宅勤務の許可を取り消すことがある。
4　第2項により在宅勤務の許可を受けた者が在宅勤務を行う場合は、前日までに所属長へ利用を届け出ること。

5-4 テレワークと私傷病休職からの復職に関する実務Q＆A

Q 私傷病休職をしていた従業員から、従前の業務を通常程度に遂行することはできないが、テレワークであれば就労可能という主治医の診断書が、休職期間満了前に提出されました。復職を認めなければならないでしょうか？

A 復職を認めるべきか否かについては、**図表 15** の会社のテレワークの位置づけや制度設計に応じて異なります。

復職後の就労形態としてテレワークを希望することは従業員によるテレワーク就労の請求に当たり、原則として否定されますが、**図表 15** のとおり、テレワークの位置づけや制度設計に応じて変わります。以下、**図表 15** の３つのケースについて、どのように変わるかを見ていきます。

● テレワークの労働契約上の位置づけが明らかにされていない場合（図表 15 ①）

図表 15 ①の場合、テレワークは労働契約上の通常の労務提供方法として想定されていないため、「従前の職務」の範囲には原則としてテレワークは含まれません。つまり、復職にあたっては、あくまでも「所定の就労場所」において、「従前の職務を通常程度に履行できる健康状態」にあることが求められるものと考えられます。

しかし前述のとおり、一部裁判例の中には、休職期間満了時の復職の判断基準としては、軽微な業務を履行できる健康状態で足りるかのように判示するものもあります。**図表 15 ①**の場合、テレワークはあくまで臨時的な就労形態に留まりますが、テレワークを非常時の事業継続等で実際に活用した事例があれば、テレワークであれば就労可能と診断されている休職者を一律に復職不可と判断して、休職期間満了による退職扱いすることにはリスクがあると考えます。

そこで、一つの実務対応としては、前述したテレワークであれば就労可能との診断書が休職期間満了直前に休職者から提出された場合、1か月から数か月の間休職期間を延長しつつ、当初はテレワークで、その後は通常の勤務場所での試し勤務を受けてもらう方法があります。その間の試し勤務の様子を観察して、復職判断基準である「従前の職務を通常程度に履行できる健康状態」に回復する見込みがあるか否かを検討し、こうした試みを経ても上記健康状態に達しないのであれば、延長後の休職期間満了時等に労働契約が当然に終了するという対応が考えられます。これは、一部裁判例がいう配慮義務に応える実務対応としてあり得ると考えます。さらに、その延長後の休職期間満了時に退職扱いとなること等の一連の対応内容について、休職期間の延長に先立って従業員との間で合意をしておけば、さらに紛争の予防に資するものと考えます。

従業員から取得する合意書のひな型は、例えば、**図表16**のようなものが考えられます。

なお、合意書の前文は、一部裁判例を念頭に、この休職期間の延長措置が休職者への配慮措置であることを明確にしたものです。

また、2項は、休職延長期間中に試し勤務を通じて休職者の回復状況を確認することを明らかにしたものです。試し勤務においては、徐々に本来の業務遂行に近い負荷をかけることが一般的ですので、当初はテレワークを試みますが、最終的には通常の職場における試し勤務を予定しています。

次に、3項は、延長期間満了までに回復しない場合、就業規則上の休職期間満了に伴う退職扱いに関する規定に基づき、当然退職になること明確にしたものです。これにより、退職をめぐる紛争を未

図表16　延長後の休職期間満了時等に労働契約が当然に終了する旨の合意書作成例

合　意　書

A株式会社（以下、「甲」という）と私傷病で休職中の○○○○（従業員名）（以下、「乙」という）とは、甲と乙との間の労働契約においてテレワークが予定されておらず、本来であれば令和○年○月○日の休職期間満了をもって退職となるものの、乙が提出したテレワークであれば就労可能との記載がある診断書を踏まえ、以下のとおり合意する。

1　甲は、令和○年○月○日までの間、乙の休職期間を延長する。

2　甲と乙は、前項の休職延長期間中、乙の職務遂行能力の回復状況を適切に把握するため、テレワーク就労と所定の就労場所での勤務とを含む試し勤務を実施し、乙が従前の職務を通常程度に遂行できる健康状態に回復するか否か等を検討する。

3　甲と乙は、前項の試し勤務を通じて乙の上記健康状態が回復した場合には乙を復職させるものとし、休職延長期間満了までに上記健康状態が回復しない場合には1項の日をもって乙が当然に退職扱いとなることを確認する。

以上の合意の成立を証するため、本合意書2通を作成し、甲乙各1通を保有する。

令和○年○月○日

（甲）A株式会社
人事部長　○　○　○　○
（乙）　○　○　○　○

然に予防することを目的としています。なお、休職期間満了が普通解雇事由の企業では、「当然に退職扱いとなることを確認する」ではなく「就業規則○条○号の普通解雇事由に該当することを確認する」といった文言にしておく必要があるでしょう。

これに対し、休職者が障害者に当たる場合については、前述した障害者雇用促進法の合理的配慮が求められる可能性があり（**3-4-6**参照）、テレワークによる就労が可能であれば、一定のサポートのうえ復職させせることを求められる場合があり得ます（この場合、当然のことながら従前の賃金を維持する義務があるとはいえず、あくまでテレワークという負担軽減措置を加味したうえでの待遇を休職者に提案することになります）。

とはいえ、障害者雇用促進法も企業に過重な負担を及ぼすことまで求めるものではありません（同法36条の3但書）。例えば、当該企業においてテレワークを積極的に導入しておらず、今後その障害者のために通信設備を用意するには、新たに多額の投資が必要となる場合など、負担が過重になるものであれば、同法上も合理的配慮義務は負わないものと考えます。

● 事業継続目的などの臨時的な労務提供方法として位置づけている場合（図表15②）

この場合もテレワークは臨時的な労務提供方法に留まりますので、「従前の職務」には原則としてテレワークは含まれず、**図表15**①と同様、通常の就労場所において、「従前の職務を通常程度に履行できる健康状態」にあることが求められるものと考えられます。

また、一部裁判例が述べる配慮義務との関係でも、**図表15**①と同様、従前の業務を通常程度に遂行できないことから一律に復職を認めないのはリスクがあり、休職期間の延長時等において、テレワークによる就労を含めた試し勤務の合意をしておくことが望ましいと考えます。

次に、障害者雇用促進法上の合理的配慮としてテレワークによる就労が可能であれば、一定のサポートが求められる場合があることも、**図表15**①と同様です。

ただし、**図表15**②の場合には、テレワークに関するシステム自体は既に導入されている以上、企業にとって障害者のために通信設備を用意することが過重な負担となることは、通常は想定し難いものがあります。そのため、障害者からの申出に応じてテレワークによる就労での業務遂行が通常と同程度に可能であれば、テレワークによる就労を認める必要があり、具体的にはテレワークという負担軽減措置を加味したうえでの待遇を前提に、休職者に提案することになります。

● 従業員の負担軽減やワーク・ライフ・バランスの向上目的をも有する場合（図表 15 ③）

復職判断の場面においては、積極的に**図表 15 ③**の目的で導入した場合のみならず、テレワークによる就労が可能であることを求人広告に掲載していた場合も、これに該当します。

そしてこの場合は、テレワークを通常の労務提供方法と位置づけるのが通常ですので、「当該企業の規模、業種、当該企業における労働者の配置・異動の実情及び難易等」に照らし、当該従業員がテレワークによる就労を行う現実的な可能性が肯定されることになります。

そのため、復職判断基準である「従前の職務を通常程度に履行できる健康状態」の考え方としては、**図表 15 ①**及び②の場合とは異なり、所定の就労場所での就労ができなくても、テレワークによる就労において従前の職務を通常程度に履行できる健康状態に回復すれば足りるものと考えられます。この点は、休職期間満了時のみならず、休職期間の途中で復職する場合も同じ判断基準を用いることになります。

そのため、前述したテレワークであれば就労可能との診断書が提出された場合には、テレワークによる就労を通常程度に遂行できる健康状態に本当に回復したか否かについて、主治医面談や試し勤務等を通じて確認、検討すべきでしょう。

5-5 私傷病休職とテレワークに関する実務Q&A

Q 体調不良を理由に欠勤していた従業員から、従前の職務を通常程度に遂行することはできないが、テレワークであれば就労可能という主治医の診断書が提出されました。引き続き欠勤扱い、ひいては休職処分とすることはできないでしょうか。

A テレワークが可能なのに欠勤扱いや休職処分が許容されるか否かは、**図表15**のような会社におけるテレワークの位置づけや制度設計に応じて異なります。

▶5-5-1　問題の所在

復職はいわば出口問題ですが、入口問題、つまり「テレワークであれば就労可能」との診断を受け、テレワークによる就労を希望している従業員を、私傷病を理由に休職とすることができるか（休職事由に該当するか）、という点も実務的には問題となってきますので検討しておきます。なお、全面的な「要休業」等の診断書が出された場合には、この点を検討するまでもなく、休職とすることは可能です。

また実務上は、私傷病休職の発令に先立ち、数か月程度の「欠勤」期間が要件とされていることがあります。そのような企業では、テレワークのみ可能という状態では不十分な労務提供としてテレワークによる就労を拒否し、休職の要件である「欠勤」として扱うことができるか、という点も同じように問題となります。

▶5-5-2　従業員の負担軽減やワーク・ライフ・バランスの向上目的をも有する制度として導入している場合

まず、**図表15③**の場合であれば、前述のとおり、テレワークは労働契約上通常の労務提供方法と位置づけられますので、所定の就業場所に通勤できないからといって直ちに休職させることは困難といえます。

▶5-5-3　臨時的な就労形態としてテレワークを事実上実施した場合（図表15①）及び臨時的な就労形態として労働契約上位置づけて制度を導入した場合（図表15②）

これらの場合、テレワークはあくまで非常時の臨時的就労方法という位置づけですので、テレワークができるからといって、直ちに従前の職務を通常の程度に遂行できる状態とまでいうことはできません。したがって、原則として休職とすることが可能と考えます。

もっとも、休職になれば無給になるなど従業員に一定の不利益が生じることは否定できません。また、**図表15①・②**では臨時的にテレワークを活用したこと又はテレワークを想定していることとのバランスについても、いわば復職段階の現実的配置可能性の裏返しの問題として考慮する必要があり、一律に休職とすることにはリスクが伴うと考えます。

そこで、例えば**図表15①**の場合において、非常時対応で臨時的に数週間程度にわたり週4、5日のテレワークを実施した実例があるのであれば、私傷病を理由にテレワーク就労しかできない場合においても、こうした実例を考慮する必要があるでしょう。そして、直ちに休職に付する（又は欠勤扱いとする）のではなく、同程度の期間はテレワークによる就労を暫定的に許容して労務提供を受けながら様子をみて、それでも通勤による所定の就労場所での就労が可能な状態に回復しなければ休職に付する（又は欠勤扱いとする）、といった措置を講じることが望ましいと考えます。

5-6 テレワークでの復職判断・試し勤務のあり方に関する実務Q&A

▶5-6-1　テレワークでの復職判断

Q　テレワークを推進している会社において、主治医より復職可能の診断書が提出されました。ただし、本人に復職に関する意向を確認したところ、出社する自信がないという理由から出社を拒み、テレワークでの復職を希望しています。復職判断ならびに復職の形式はどのように考えたらよいでしょうか。

また、原則として出社しての勤務を推奨していますが、業務内容によっては週２日ほどのテレワークを許可している場合に、同様に本人からテレワークを利用しながらの復職の希望が出された場合はどのように判断すればよいでしょうか。

A　導入目的に応じて、**図表 15** ①・②であれば通常勤務の従業員と同じですが、**図表 15** ③であれば、テレワーク勤務の実情を踏まえて、テレワークを遂行できれば「治癒」と判断される余地があると考えます。

既に述べたとおり、私傷病休職からの復職の判断にあたっては、「治癒」つまり従前の職務を通常の程度に遂行できる健康状態が回復したと認められるか否かによって判断することになり、この点は、職場における勤務とテレワーク勤務のいずれでも変わりません。

ただし、テレワーク勤務といっても、前述したように、**図表 15** ①の場合や**図表 15** ②の場合には、テレワーク勤務はあくまで臨時的な就労形態に留まりますので、テレワークが可能だからといって直ちに復職可能と判断できるとはいえません。復職のためには、職場における従前の職務を通常程度に遂行できる健康状態に回復することが原則ですので、この場合、テレワークはあくまで本来の職務遂行方法である職場における就労に戻るための、一時的な試し勤務に留まりますから、一時的にテレワークを行うことは構いませんが、それができるからといって復職可能とはいえません。

これに対し、**図表15③**の場合、テレワークは、通常の就労形態の一環と位置づけられる余地があり、従来のテレワーク勤務の実情（休職者や他の従業員が週の所定労働日のうち何日テレワークを実施していたのか等）や休職者が可能とされるテレワーク勤務の内容等に応じて、従前の職務を通常程度に遂行できる状態と評価される場合があり得ると考えます。

本ケースでは、**図表15③**のテレワーク勤務を積極的に推進している場合には、従来と同様のテレワークを通常程度に遂行できる健康状態の回復が認められるのであれば、復職を認める余地があると考えられます。

これに対し、後段の業務内容如何で週2日ほどテレワークを許可しているに留まる場合では、原則として出社して職場での勤務が求められていますので、すべてテレワークでないと就労できないということであれば、従前の職務を通常程度に遂行できる状態とはいえず、復職を認めない判断に結びつきやすいと考えます。

▶5-6-2　テレワーク下での回復の程度の評価

Q　当社は、テレワークを非常時の事業継続の観点から推進している会社ですが、療養していたメンタルヘルス不調の従業員が１年ぶりの復職を希望しています。テレワークでの勤務を希望しているのですが、本当に病状が回復しているのか判断に困っています。どのように対応するのがよいでしょうか。

A　**5-2** で既に述べたとおり、多くの会社でテレワーク環境下の労務管理・健康管理でさえ難しさを感じている状況です。ましてや復職の場面において、通勤訓練や試し勤務を介さずに病状や業務遂行能力の回復程度を判断することは非常に困難ですので、会社のテレワーク勤務の運用状況に応じて試し勤務等を実施することが必要です。

● 出勤とテレワークが混在している場合

コロナ禍における感染症対策として出社率を抑えるため、例えば出社率を全従業員の５割に設定していたとしても、一定数の従業員が出勤しているケースでは周囲からのサポートが得られます。

そのため、第３章の復職編で述べたとおり試し勤務や通勤訓練を実施し、一定期間は毎日出勤することを前提として復職を進めるべきです。通常の復職判断と同様に、その期間の安定した通勤や勤怠、業務遂行能力、疲労の回復程度を評価して、職場復帰の可否を判断してください。

また、職場復帰後の当該従業員のテレワークについては、所属部署の実情にあわせて所属長や人事、産業医と相談しながら運用を考えてください。

● 所属部署の従業員のほとんどがテレワークの場合

(1) 試し勤務や通勤訓練が可能な場合

所属部署が全員テレワークを行っていても、例えば、管理部門（人事・総務）は出勤しているという場合があります。特に労務管理に当たる部門は、会社の窓口として出勤している従業員が多いものです。このようなケースでは、管理部門で担当者を定め、試し勤務の間は管理部門に出社してもらって作業を行わせるなど、可能な範囲で試し勤務を行うことは可能です。週５日で運用できなくても、週３日など労務部門の担当者が出勤する日に合わせて行うことで、ある程度の勤怠や健康状態等は把握できると思われます。

(2) 試し勤務や通勤訓練が不可の場合

会社全体でテレワークを行っていてほとんど従業員が出勤していない場合は、試し勤務や通勤訓練は実施することはできません。よってテレワークを前提として復職判断を行うこととなります。

従前の試し勤務で確認していた通勤や勤怠、業務遂行能力を確認できずに復職判断を行う場合の課題と対応策は、次のとおりです。

課題① **睡眠覚醒リズムや日中の活動性の評価が難しい**

対策：復職希望者に生活記録表の記載を依頼し、毎日の生活リズムを確認します。あくまで当該者の主体的な記入ではありますが、安定した規則正しい生活が送れていることを評価するために有用です。

日中の活動においては、復職に向けた準備として図書館などに通ってもらい、読書やパソコン作業をすることを推奨するのも有用です。

課題② **主治医の復職判断を試し勤務を通じて検証する機会がないためこれを尊重する傾向になりやすい**

対策①：主治医に対して会社指定の診断書（意見書、診療情報提供書）の提示を求め、復職に際して配慮すべき事項を改めて確認します。試し勤務を実施しないケースでは産業医にとって判断材料が少なく、復職判断が難しい局面となります。まして主治医は当該従業員と対面で診察しているのに反して、産業医はリモートでの復職面談となる可能性が高いです。したがって、主治医の復職に際しての助言や配慮事項を確認しておくことは大切です。

対策②：産業医の専門性を担保することが必要です。精神疾患に関する専門医は、精神科医や心療内科医です。リモートでの復職面談において専門的な判断ができる産業医を選任しておくことは重要です。

5-7 復職後等における テレワーク勤務

▶5-7-1 テレワーク勤務下で復職判断を受けた従業員の復職後の労務管理

Q 3か月前に精神疾患による休職から職場復帰した従業員が、体調不良を理由にテレワークへの切替えを希望しています。電車通勤による疲れが体調不良の大きな要因で、在宅勤務なら問題なく仕事ができるとの見解です。このような場合、どのように対応したらよいでしょうか。

A テレワークの導入によって労務管理で苦慮するケースは増えています。特に体調不良や疲労の訴えにより在宅勤務を希望しているケースでは、慎重な対応が必要となります。

新型コロナウイルスの感染拡大・収束の予測が難しい中、他人との接触機会を減らして感染拡大の防止を図るため、テレワークが推奨されています。特に、「基礎疾患がある」「妊婦」「65歳上の高齢者」等に該当する従業員にはテレワークを強く推奨している企業が多いです。なぜなら、基礎疾患を有する人は感染後に重篤化する可能性が高いからです。ここでいう基礎疾患とは、呼吸器疾患や心疾患、血液疾患、糖尿病など、あくまでも身体的な疾患です（**図表17**）。

今回のケースは、精神疾患を抱えている従業員からのテレワークへの切替え希望ですので、テレワークを強く推奨する身体疾患には該当しません。よって会社もしくは所属部署のテレワーク方針に従って対応せざるを得ないと考えます。例えば顧客からの問合せ電

図表17　新型コロナウイルス感染で重症化しやすい人とは

Q　新型コロナウイルス感染症と診断された人のうち、重症化しやすいのはどんな人ですか。

A　新型コロナウイルス感染症と診断された人のうち**重症化しやすいのは、高齢者と基礎疾患**のある方、**一部の妊娠後期**の方です。

重症化のリスクとなる基礎疾患等には、**慢性閉塞性肺疾患（COPD）、慢性腎臓病、糖尿病、高血圧、心血管疾患、肥満、喫煙**があります。

また、ワクチン接種を受けることで、重症化予防効果が期待できます。

30歳代と比較した場合の各年代の重症化率

年代	10歳未満	10歳代	20歳代	30歳代	40歳代	50歳代	60歳代	70歳代	80歳代	90歳以上
重症化率	0.5倍	0.2倍	0.3倍	1倍	4倍	10倍	25倍	47倍	71倍	78倍

※「重症化率」は、新型コロナウイルス感染症と診断された症例（無症状を含む）のうち、集中治療室での治療や人工呼吸器等による治療を行った症例または死亡した症例の割合。

重症化のリスク

出典：京都大学西浦教授提供データ及び新型コロナウイルス感染症（COVID-19）診療の手引き・第7.2版に基づき厚生労働省にて作成

（出典）厚生労働省「新型コロナウイルス感染症の“いま”に関する11の知識」（2022年8月版）

話の応対、郵送物など紙媒体への対応が発生する部署で輪番制での出勤が求められる場合など、当該従業員だけテレワークを認めて特別扱いすることは、仕事内容・周囲メンバーとの不公平が生まれることになり、決して良い判断とはいえません。

ましして、精神疾患による休職から復職したケースでは慎重に判断する必要があります。復職後しばらくの期間は出社できていた社員が出社困難になった場合には、病状の増悪をまず考えなければなりません。社内の産業保健スタッフ（産業医・保健師）に相談のうえ、当該従業員との面談を設定して、現在の病状を把握するように努めてください。

病状悪化の要因として、通院の自己中断はよく見受けられます。その際には、通院の再開を指示して病状回復を図る必要があります。病状悪化のその他の要因として、業務負荷の増大も考えられます。復職後3か月ともなれば、業務配慮が解除となり通常勤務となっている時期かもしれません。業務遂行能力の回復が不十分な場合には、一定の業務軽減措置を図る必要が出てきます。社内の産業保健スタッフに相談し、産業医の意見書の提示があれば業務配慮のスムーズな対応につながりやすいです。

また本ケースにおいては、復職時の当該従業員への就業に関する説明が不十分だった可能性もあります。上記のように輪番制での出社が求められる部署であれば、復職先の部署においては出社して勤務ができることが復職の条件であることを十分に説明し、会社と当該従業員における双方での理解・認識を一致させることが重要となります。

▶5-7-2　復職後のテレワーク勤務においてパフォーマンスが低い従業員等への対応

Q　当社ではテレワークを推進していますが、テレワークにおいてパフォーマンスが低下している社員がいます。本人は、「毎日自宅で仕事をしている」といいますが、仕事のアウトプットが少なく、顧客先からもクレームが来ています。どうやら家族の話では、１日中、お酒ばかり飲んでいるようですが本人は否定します。どのように対応したらよいでしょうか。

A　在宅勤務でのテレワークは自宅にて業務を行うため、仕事とプライベートの区分が難しく、飲酒に関連したトラブルは一定の割合で発生する可能性が高いと考えます。

● アルコール依存による職場での影響

従業員のアルコールに関連する問題が職場で発覚するサインとしては、突然の欠勤や遅刻が目立つようになることが挙げられます。特に週明けの月曜に休みが多くなります。また周囲がアルコール臭に気づくことや、昼休みに飲酒をしている姿を目撃されることもあります。しかしこのような勤怠を中心とした問題行動は、会社への出勤時に気づくことがほとんどです。

本件のようなテレワークでは表面化せず、問題への気づきが遅くなりがちです。よって社内外の仕事上のトラブルやパフォーマンスの低下によってアルコールの問題が顕在化し、結果として職場や周囲に迷惑をかけることにつながっていきます。

● アルコールに依存する理由

不安感や気分の落込みを感じている人が、気持ちが楽になる手段としてアルコールに頼ることはよくあります。たしかにアルコールを摂取すると、手っ取り早く多幸感が得られ気分が晴れやかになり、入眠を促すこともできます。

しかしそれは、一時的な対応にしかなりません。逆にアルコールによって気分の落込みが悪化したり、眠りが浅くなったりして夜中や早朝に目が覚めたりします。また酩酊下では正常な機能が働かず、注意や思考、判断力の低下を招き、業務上で様々な問題が生じてしまいます。

さらにはアルコールによる多幸感を積極的に求めて、それが習慣化・反復使用によりアルコール依存につながったりと、良いことは一切ありません。

● 実務対応

本件のようなケースでは、まず産業医に相談して当該従業員との面談を設定し、現状を把握する必要があります。アルコール依存症の疑いが強い場合は、専門医療機関での治療が必要（2-2-6-6 参照）ですので、産業医に紹介状を書いてもらい、スムーズな受診につなげることが大切です。このような場合、業務における不安感を抱えており、その解消手段として飲酒習慣につながっていることも多いため、上司は当該従業員とまず対話をして業務の進捗や悩みを把握するようにしてください。また、本人からのヒアリングだけでは不十分なときは、家族から自宅での様子を確認することも大切です。

飲酒に関しては、本人はそれを否定することがほとんどです。家族からのヒアリングで就業時間中の飲酒が明らかになっても、その場で本人を責めることはせずに、人事部門や産業医と連携をとりながら今後の対応を相談してください。

主治医からアルコール依存症との診断がされれば、依存から回復し断酒することを目指す必要があります。主治医の治療方針を尊重し、入院治療や自宅療養が必要であれば、会社としては休業手続や業務の引継ぎを行ってください。また状態が比較的安定していて、飲酒・生活習慣の改善、家族の協力のもと外来通院にて経過を見られる場合には、そのまま勤務を継続させてください。しかしテレワークの環境では飲酒習慣が改善しないと判断したときは、人事部門、主治医や産業医に相談して、テレワークを禁止して出社を指示することも有益な方法だと考えます。

なお、通常、就業時間中の飲酒行為は、それ自体が労働契約に基づく労務提供義務と相容れない行為であるとともに、職場の風紀を乱す職場秩序違反行為でもあります。加えてこの従業員の場合は、その結果「仕事のアウトプットが少なく、顧客先からもクレームが来て」おり、パフォーマンスが著しく低下していますので、労働契約に基づく債務の本旨に従った労務の提供がなされてないものと評価されます（つまり、債務不履行の状態になっています）。

この場合、会社として事態を放置することはできませんので、上記のような医学的対応とは別に、当該従業員の度重なる飲酒行為とそれに伴うパフォーマンスの著しい低下が何らかの精神障害に基づくものでない限り、当該従業員に対する懲戒処分等を検討する必要があると考えます。

▶5-7-3　復職後のテレワーク勤務における勤務態度の不良

Q　当社ではテレワークを推進していますが、テレワークにおいてパフォーマンスが低下している従業員がいます。先日、昼間から旅行に出かけている様子がSNSに投稿されているのを見かけました。本人は「以前の旅行先で撮った写真を投稿しただけだ」と否定しますが、どうも仕事に専念できていないようです。体調は悪くないようですが、この場合はどのように対応したらよいでしょうか。

A　テレワークを行っている環境では管理監督者の目が十分行き届かないため、労務管理上の問題が生じることがあります。テレワークにおいて従業員が良い信頼関係のもと心地良く業務を行い、生産性向上を目指すために勤怠管理を見直す、コミュニケーションを密にとる、オフィス環境に近い環境を設定するなど、工夫することが重要です。

●テレワークと職務放棄

テレワークにおいては、管理監督者の目が十分行き届かなくなり業務に対するモチベーションやモラルが低下する可能性があります。就業時間中は当然ながら業務に専念し、業務に関係のないことを行うべきではありません。このようないわゆる“さぼり行為”は、職務専念義務違反に該当します。本ケースのように旅行に出かけるなど、さぼり行為が長時間に及ぶ場合、また業務や周囲に大きな支障をきたす場合は、懲戒処分の対象となる可能性があります。

ある調査結果によると、「テレワーク勤務中に業務以外のことをやったことがあるか」という質問に「ある」と回答した人は約７割にのぼったようです。また、部下は上司から「きちんと仕事をしていないと思われているかもしれない」、逆に上司は部下に対して

「きちんと仕事をしているのか不安」など、精神的ストレスを感じることもあるようです。

テレワーク勤務により双方の業務の様子が把握しにくくなり、結果的に両者の信頼関係が崩れて双方が疑心暗鬼になってしまうことも懸念されます。このような状況に陥ることを防ぎ、お互い良い信頼関係をつくり心地良く業務を行い、生産性向上を目指すためのポイントを整理していきます。

● テレワークで信頼関係を維持するための労務管理上の工夫

(1) 勤怠管理を見直す

従業員の様子が把握しにくいテレワークにおいては、定期的（例えば１日に１回）に成果物の提出や進捗報告を義務づけるといったルールを設ける、又は従業員の勤務状況がリアルタイムで把握できるツールを導入するなどが効果的といえます。

(2) コミュニケーションを密にとる

上司と部下で実施する1on1ミーティングを定期的に設定するのは、職場のコミュニケーションの円滑化に効果的です。目標の確認や進捗管理を双方で確認し、不安や疑問点を早期に把握し、解決するのに有効です。部下が抱える疑問点を上司が把握しアドバイスをすることで、スキルアップにもつながります。また業務の話だけでなく、部下が抱えている不満や悩みをキャッチアップして相談対応することで、双方の信頼関係を深めることができ、モチベーションの維持や休職・離職の防止にも役立ちます。

手段としては、メールよりもカジュアルに連絡がとりやすいビジネスチャットツールを活用することで、より気軽にコミュニケーションがとれるでしょう。

(3) オフィス環境に近い環境を設定する

通常のオフィスで業務を行う場合には、周囲の視線もあるため適度な緊張感が保たれますが、周囲の視線がないテレワークでは、モチベーションやモラルが低下する可能性が否定できません。よって、普段のオフィス勤務に近い環境をつくる工夫が有効です。

会議の時間とは別に一定時間 Web カメラをオンにして、お互いに視覚的に見られる状態をつくり業務を行うのも有効です。ただし、会社が業務上必要と判断しても過度な監視ツールの導入はプライバシー保護の観点から問題となり得ます。また、従業員に過度な精神的ストレスがかかるといった問題も生じる可能性があります。

本来、テレワークは柔軟で多様な働き方を実現させる手段であることを十分に考慮し、出社よりも制約を強めるような監視ツールの導入には十分慎重な検討が必要です。

▶5-7-4 テレワーク勤務を求める診断書が提出された場合

Q 当社では特にテレワークの制度を整備してはいませんが、週３日のテレワークを実施しています。テレワークにおいて業務パフォーマンスが低下している従業員がおり、状況がわからないため毎日出勤して勤務するように命じました。

すると、その直後に本人のかかりつけの耳鼻科の主治医から「診断名：眩暈症。就労可能であるが眩暈があり、毎日の出勤は困難である。通勤途上の安全の懸念のため毎日のテレワークでの勤務を要する」との診断書が提出されました。この診断書を根拠に、本人はテレワークであれば勤務可能であると主張しています。

このような場合、どのように対応すべきでしょうか。

A 職務を通常程度に遂行できない以上、欠勤扱いになるのが原則ですが、当該従業員の能力、地位、テレワークの実施経験、当該企業の規模、業種、当該企業におけるテレワーク導入ないし実施の経緯ないし目的、当該企業における労働者の配置・異動の実情及び難易度、他の従業員のテレワークの実情等に照らし、週５日間のテレワークに従事させる現実的可能性の有無を、出勤の必要不可欠性と今後のテレワークの継続の見込みを考慮しつつ、判断することになると考えます。

● テレワークが債務の本旨に従った履行の提供といえることが原則として必要であること

従業員は、労働契約に基づき労務を提供する義務を負っており、債務の本旨に従って労働義務を履行することが必要です（民法493条、415条１項。本旨弁済）。職務を通常程度に遂行できない場合、つまり債務の本旨に従った労働義務の履行を提供できない不完全履行の場合には、原則として使用者はその受領を拒否できます。

そのため、今回のケースのように、従前は週３日のテレワークと週２日の出勤で業務を遂行していた従業員が、病気を理由に週５日のテレワークでしか業務遂行できない場合、従前の職務を通常程度に遂行できていない、つまり債務の本旨に従った履行の提供とはいえませんので、労務提供の不完全履行として労務提供の受領を拒否してよい、つまり欠勤として取り扱う又は休職事由に該当するものとして休職処分を発令することが可能、というのが原則的な考え方です。

● 本旨弁済ではなくても労務提供の受領を拒絶できない例外的な場合とは

(1)　欠勤・休職の取扱いをすべきか否かの判断基準

もっとも、従業員の不完全履行が債務の本旨にわずかに届かないような場合にまで労務提供の受領を一律に拒絶し、欠勤扱い等を行うことになれば、ノーワーク・ノーペイの原則のもと、賃金請求権を取得できなくなる従業員にとって、過酷な事態と言わざるを得ません。

そこで、不完全履行として使用者が労務提供の受領を拒絶できるのは、休職事由と実質的に同視できる程度に通常勤務に相当程度の支障をきたす場合に限られると考えます（土田道夫『労働契約法』（第2版）454頁、佐々木宗啓ほか『類型別労働関係訴訟の実務Ⅱ』（改訂版）475頁、富国生命保険事件・東京高判平成7年8月30日労判684号39頁）。

(2)　通常勤務に相当の支障が生じる場合とは

では、通常勤務に相当の支障が生じるか否かについては、どのように考えるべきでしょうか。

この点に関し、総合職で現場監督の業務に従事していた者がバセドウ病で私傷病休職した事案において、内勤であれば勤務が可能との診断を受けて復職を申し出た場合の復職の可否について判断した片山組事件最高裁判決は、次のように判断しています。

> 労働者が職種や業務内容を特定せずに労働契約を締結した場合においては、現に就業を命じられた特定の業務について労務の提供が十全にはできないとしても、その能力、経験、地位、当該企業の規模、業種、当該企業における労働者の配置・異動の実情及び難易等に照らして当該労働者が配置される現実的可能性があると認められる他の業務について労務の提供をすることができ、かつ、その提供を申し出ているならば、なお債務の本旨に従った履行の提供があると解するのが相当である。

こうした本旨弁済に関する考え方は、休職の出口に当たる復職のみならず、入口である休職にも当てはまるものです。そこで、この最高裁判決を踏まえれば、当該従業員の能力、地位、テレワークの実施経験、当該企業の規模、業種、当該企業におけるテレワーク導入ないし実施の経緯ないし目的、当該企業における労働者の配置・

異動の実情及び難易度、他の従業員のテレワークの実情（1週間におけるテレワーク実施日数等）等に照らし、週5日のテレワークに従事させる現実的可能性の有無を、出社の必要不可欠性と今後のテレワークの継続の見込みを考慮して検討することになると考えます。

例えば、当該従業員が経理課の一般職で、過去に数か月にわたって週5日のテレワークを実施したことがあり、それによる支障がない業務内容を担当している場合は、週5日のテレワークでの現実的配置可能性を肯定すべきと考えます。しかし担当業務が週2日は出社が不可欠な伝票入力作業であるような業務である場合、数週間から数か月にわたり週5日のテレワークが続くのであれば、業務へ相当程度の支障が生じることとなります。

そのような場合は、週5日のテレワークでの現実的配置は不可であり、テレワークでなければ勤務ができない場合、結果として疾病により完全な労務提供ができないことから、労務提供の不完全履行として労務提供の受領を拒否してよい（欠勤又は休職事由に該当）と考えられます。

(3)　本ケースの検討

以上を前提に、本ケースについて検討します。本ケースは、眩暈により出勤が主治医から止められているケースです。まずは、週5日のテレワークによる配置可能性の有無を検討します。そして、テレワークの現実的配置可能性の可否如何により、以下のとおり場合分けをする必要があります。

①　週5日のテレワークによる就労につき現実的な配置可能性がある場合

まず、週5日のテレワークによる配置が可能である場合について検討します。

この場合は週5日のテレワークが本旨弁済といえますので、従前の業務を通常程度に遂行できているのか、パフォーマンスを一定期間モニタリングします。しかしテレワーク後も病状によりパフォーマンスの改善がないのであれば、テレワーク継続の可否を判断しなければなりません。産業医面談や主治医からの意見を参考に、管理監督者からの勤務状況や業務パフォーマンスの勤務状況に関する報告を確認・考慮のうえ、最終的には会社がテレワーク継続の可否（欠勤扱い又は休職命令）を判断します。

②　週5日でのテレワークによる現実的な配置可能性がない場合

この場合は、週5日のテレワークによる配置が不可能である以上、欠勤扱い等になるのが原則です。

そして、明文の規定がない限りテレワークの就労請求権は認められない以上、法的には、企業が出勤を命じることは可能です。もっとも、眩暈による通勤の安全性の懸念を示した主治医の診断書に鑑みると、安全配慮義務の観点からも通勤は基本的に避けるべきだと思われます。また主治医の意見を覆すだけのエビデンスがない状態のため、出勤命令の発令を強行することは権利の濫用とされる可能性が高く、社会通念上は履行不能だと思われます。

そのため、産業医の意見書、主治医の診断書、現病の業務遂行状況などを確認・考慮のうえ会社が決定しますが、現実的には欠勤扱い等とし、疾病による業務の不完全履行のため、療養に専念することが妥当と考えます。

著者略歴（五十音順）

安藤　源太（あんどう　げんた）

弁護士（石嵜・山中総合法律事務所　パートナー）
平成11年　東京大学法学部卒業
平成17年　司法修習修了（第58期）、検事任官
平成21年　石嵜信憲法律事務所（現石嵜・山中総合法律事務所）入所
平成27年　パートナー就任
著書：『労働契約解消の法律実務（第3版）』（中央経済社・2018年（共著））

佐々木　規夫（ささき　のりお）

一般社団法人 日本うつ病センター　上席研究員
産業医科大学医学部医学科卒業。東京警察病院を経て、HOYA株式会社の専属産業医及び健康推進G統括マネジャーとして健康管理に従事。その後、医療法人財団厚生協会 大泉病院にて精神科医として勤務。現在は精神科医および産業医として医療機関や上場企業、主要官庁の産業医を兼務している。日本精神神経学会専門医、精神保健指定医、日本産業衛生学会指導医、医学博士、労働衛生コンサルタント、社会医学系指導医
著書：『メンタル不調者のための脱うつ書くだけ30日ワーク』（日本能率協会マネジメントセンター・2019年（監修））

染村　宏法（そめむら　ひろのり）

一般社団法人 日本うつ病センター　上席研究員
産業医科大学医学部医学科卒業。国立病院機構九州医療センターにて初期臨床研修。オリンパス株式会社、富士電機株式会社の専属産業医。その後、昭和大学精神医学講座へ入局、昭和大学附属烏山病院での勤務を経て、現在は精神科外来診療と複数企業の産業医活動に従事。また北里大学大学院産業精神保健学教室において、職場のコミュニケーション、簡易型認知行動療法、睡眠衛生等に関する介入研究や教育に携わった。
日本精神神経学会専門医、精神保健指定医、日本産業衛生学会指導医、医学博士、労働衛生コンサルタント、社会医学系指導医

田中　朋斉（たなか　ともなり）

特定社会保険労務士（石嵜・山中総合法律事務所）
平成10年　早稲田大学法学部卒業
平成16年　石嵜信憲法律事務所（現石嵜・山中総合法律事務所）入所
平成20年　社会保険労務士登録

著書：『就業規則の法律実務（第5版）』（中央経済社・2020年（共著））

柊木野　一紀（ひらぎの　かずのり）
弁護士（石嵜・山中総合法律事務所　パートナー）
平成10年　早稲田大学法学部卒業
平成15年　司法修習修了（56期）
　　　　　石嵜信憲法律事務所（現石嵜・山中総合法律事務所）入所
平成27年　同事務所パートナー就任
平成31年　第一東京弁護士会　副会長
令和2年　東京簡易裁判所　調停委員
令和4年　関東弁護士会連合会　常務理事
著書：「論説『過重労働防止に向けた環境整備－労働時間管理を中心に』」（労働経済判例速報平成29年12月・2327号）
『どうする？働き方改革法労働時間・休日管理＆同一労働同一賃金』（日本法令）（共著）
「テレワークの労働契約上の位置付けと制度設計～私傷病休職からの復職判断等を中心に」（ビジネスガイド2022年3月号）（共著）

盛　太輔（もり　だいすけ）
弁護士（石嵜・山中総合法律事務所　パートナー）
平成9年　中央大学法学部卒業
平成16年　司法修習修了（第57期）
　　　　　石嵜信憲法律事務所（現石嵜・山中総合法律事務所）入所
平成27年　パートナー就任
令和3年　第一東京弁護士会　副会長（令和4年3月まで）
著書：「メンタル復職時のトライアル勤務における賃金と作業をめぐる実務対応」（ビジネスガイド2019年8月号）
「リハビリ就労をめぐる法的問題」（季刊労働法233号）　等

山本　愛（やまもと　めぐみ）
一般社団法人 日本うつ病センター　上席研究員
産業医科大学医学部医学科卒業。日本鋼管病院での臨床研修を経て、株式会社リコーの専属産業医、メットライフ生命保険株式会社の専属産業医として従事。その後、医療法人社団朋友会　けやきの森病院にて精神科医として勤務。現在は複数企業での産業医活動および精神科外来診療に従事している。研究業績として、職域における労働者に対する睡眠衛生教育の介入研究など。
医学博士、労働衛生コンサルタント、日本精神神経学会専門医、精神保健指定医、日本産業衛生学会指導医、社会医学系指導医

メンタルヘルス不調による
休職・復職の実務と規程

令和4年12月20日　初版発行
令和5年12月 1日　初版3刷

検印省略

編　著　柊木野一紀
著　者　安藤源太
佐々木規夫
染村宏法
田中朋斉
盛　太輔
山本　愛
発行者　青木鉱太
編集者　岩倉春光
印刷所　日本ハイコム
製本所　国宝社

日本法令®

〒101-0032
東京都千代田区岩本町1丁目2番19号
https://www.horei.co.jp/

(営　業)　TEL　03-6858-6967　Eメール　syuppan@horei.co.jp
(通　販)　TEL　03-6858-6966　Eメール　book.order@horei.co.jp
(編　集)　FAX　03-6858-6957　Eメール　tankoubon@horei.co.jp

(オンラインショップ)　https://www.horei.co.jp/iec/
(お詫びと訂正)　https://www.horei.co.jp/book/owabi.shtml
(書籍の追加情報)　https://www.horei.co.jp/book/osirasebook.shtml

※万一、本書の内容に誤記等が判明した場合には、上記「お詫びと訂正」に最新情報を掲載しております。ホームページに掲載されていない内容につきましては、FAXまたはEメールで編集までお問合せください。

ISBN 978-4-539-72939-7